Harvard Business Review

COMUNICACIÓN EFICAZ

Harvard Business Review

COMUNICACIÓN EFICAZ

EDICIONES DEUSTO

Diseño de la cubierta: Gama, S.L.

Foto de cubierta: Digital Art / Cover.Corbis

© 1957, 1972, 1976, 1979, 1986, 1989, 1996, 1997 y 1999
   President and Fellows of Harvard College

© 2005, Ediciones Deusto
   Planeta DeAgostini Profesional y Formación, S.L.
   Avda. Diagonal, 662-664
   08034 Barcelona

Traducción: María Elena Aparicio Aldazabal

Composición: Enparantza. Bilbao

Impresión: Liberdúplex

ISBN: 84-234-2285-2
Depósito legal: B-48891-2004

Impreso en España

Índice

Escuchemos provechosamente a nuestros interlocutores

RALPH. G NICHOLS Y
LEONARD A. STEVENS

Resumen

«LA EFICACIA DE la palabra hablada», dicen Ralph G. Nichols y Leonard A. Stevens, «depende no tanto de cómo hablen las personas sino principalmente de cómo escuchen.» En su artículo *Escuchemos provechosamente a nuestros interlocutores* exponen un asunto de tremenda importancia práctica para los ejecutivos. Pasan luego a analizar el problema y comentar diversos pasos para mejorar las habilidades auditivas.

RECIENTEMENTE, LOS EJECUTIVOS SUPERIORES de una importante empresa fabril de la zona de Chicago recibieron el encargo de investigar el papel que desempeña en su trabajo el escuchar. Más tarde, se celebró un seminario para ejecutivos. He aquí tres comentarios representativos de los que hicieron los participantes:

- «Francamente, nunca había pensado que escuchar fuera un asunto importante por sí mismo. Pero ahora que soy consciente de ello, pienso que tal vez el 80% de mi trabajo depende de cómo escuche a alguien, o de cómo alguien me escuche a mí.»
- «He estado reconsiderando las cosas que salieron mal durante estos dos últimos años y súbitamente caí en la cuenta de que muchos de los problemas fueron resultado de que alguien no oyó algo o lo captó de una manera distorsionada.»
- «Es interesante para mí que hayamos considerado tantas facetas de la comunicación en la empresa, pero que inadvertidamente hayamos pasado por alto la de la escucha. He llegado a la conclusión de que es el eslabón más importante en las comunicaciones de la empresa y, obviamente, también es el más débil.»

Estos comentarios reflejan parte de un despertar que se está produciendo en un buen número de círculos de dirección. La empresa está enlazada por sus sistemas de comunicación. Los hombres de negocios están descubriendo que esta comunicación depende más de la palabra hablada que de la palabra escrita; y la eficacia de la palabra hablada depende no tanto de cómo hablan las personas cuanto de cómo escuchan.

El potencial no utilizado

Se puede afirmar, casi sin reservas, que las personas, en general, no saben escuchar. Tienen oídos que oyen muy bien, pero rara vez han adquirido las necesarias habilidades auditivas que permitirían que esos oídos se usaran eficazmente para lo que se denomina *escuchar*.

Durante varios años hemos estado probando la capacidad de las personas para comprender y recordar lo que oyen. En la Universidad de Minnesota examinamos la capacidad de escucha de varios miles de alumnos y de cientos de personas que trabajaban en empresas o como profesionales libres. En cada caso la persona sometida a la prueba escuchaba breves charlas de miembros del claustro docente y era examinada en lo concerniente a su comprensión del contenido.

Estas amplias pruebas nos llevaron a esta conclusión general: inmediatamente después de que la persona media ha escuchado a alguien, solamente recuerda algo así como la mitad de lo que ha oído, con independencia de lo cuidadosamente que ella pensara que estaba escuchando.

¿Qué sucede a medida que pasa el tiempo? Nuestras propias pruebas demuestran —y ha sido corroborado por informes de investigación en la Universidad Estatal de Florida y en la Universidad Estatal de Michigan[1]— que dos meses después de escuchar una charla, el escuchante medio sólo recordará algo así como el 25% de lo que se dijo. A decir verdad, después de que apenas nos hemos enterado de algo, tendemos a olvidar de una mitad a un tercio de ello *dentro de las ocho horas siguientes;* es asombroso caer en la cuenta de que frecuentemente olvidamos más en este corto intervalo inicial que en los seis meses siguientes.

Laguna en la formación

Detrás de esta incapacidad generalizada para escuchar está, en nuestra opinión, un importante descuido en nuestro sistema de enseñanza en las aulas. Hemos centrado la atención en la lectura, considerando que es el medio principal mediante el cual aprendemos, y casi hemos olvidado el arte de escuchar. En nuestros sistemas escolares se dedican unos seis años a la instrucción formal en la lectura. Poco énfasis se pone en el hablar y casi no se ha prestado atención a la habilidad de escuchar, por extraño que esto pueda parecer en vista de la gran cantidad de clases orales que se imparten en la universidad. La formación en la escucha —si se puede denominar formación— ha consistido simplemente y con mucha frecuencia en una serie de admoniciones que se han extendido desde la enseñanza básica hasta la universidad: «¡Presta atención!», «¡Entiende esto!», «¡Abre los oídos!» y «¡Escucha!».

No cabe duda de que nuestros profesores notan la necesidad de una buena escucha. ¿Por qué entonces han pasado tantos años sin que los docentes desarrollen unos métodos formales para enseñar a los alumnos a escuchar? Nos hemos encontrado con varias suposiciones falsas que han bloqueado la enseñanza de la escucha. Por ejemplo:

1. Hemos supuesto que la capacidad para escuchar depende en gran medida de la inteligencia, que las personas «listas» escuchan bien y que las «tontas» lo hacen de manera deficiente. No hay que negar que la escasa inteligencia tiene algo que ver con la incapacidad para escuchar, pero hemos exagerado grandemente su importancia. Un escuchante deficiente no es necesariamente una persona carente de inteligencia. Para ser buenos escuchantes debemos aplicar ciertas habilidades que se adquieren por medio bien de la experiencia o bien de la formación. Si una persona no ha adquirido estas habilidades para la escucha, su capacidad para comprender y retener lo que oye será baja. Esto puede suceder a personas con niveles de inteligencia tanto altos como bajos.

2. Hemos asumido que aprender a leer nos enseñará automáticamente a escuchar. Mientras que algunas de las habilidades adquiridas por medio de la lectura son aplicables a la escucha, la suposición dista mucho de ser completamente válida. Escuchar es una actividad diferente de leer y requiere diferentes habilidades. La investigación ha demostrado que las habilidades para la lectura y la escucha no mejoran al mismo ritmo cuando sólo se enseña la lectura.

Esto significa que en nuestras escuelas, donde poca atención se presta al elemento auditivo de la comunicación, la capacidad para leer se mejora continuamente mientras que la capacidad para escuchar, abandonada para que avance a trompicones por su cuenta, lo que realmente hace es degenerar. Como aceptable lector y mal escuchante, el alumno representativo obtiene su licenciatura y se incorpora a una sociedad donde hay muchas probabilidades de que tenga que escuchar tres veces más que lo que lea.

Las barreras a la formación en la escucha que se han levantado por tales suposiciones falsas se están viniendo abajo. Los educadores están cayendo en la cuenta de que escuchar es una habilidad que se puede enseñar. En Nashville, por ejemplo, la red de escuelas públicas ha empezado a formar en la escucha desde la enseñanza elemental hasta la secundaria. También se enseña a escuchar en la red escolar de Phoenix, en Cincinnati y en todo el estado de Dakota del Norte. Aproximadamente dos docenas de universidades y facultades importantes de EE. UU. imparten ahora cursos de escucha.

En la Universidad de Minnesota hemos presentado un curso de escucha a un gran segmento del alumnado de primer curso. Cada grupo de alumnos que ha recibido formación en la escucha ha mejorado al menos en un 25% su capacidad para comprender la palabra hablada. Algunos de los grupos han llegado a mejorar hasta en un 40%. También hemos impartido un curso de escucha para grupos de enseñanza para adultos compuestos mayoritariamente por personas del mundo empresarial y profesional. Estas personas han hecho algunos de los mayores progresos que jamás hemos constatado en la capacidad para escuchar. Durante un período, 60 hombres y mujeres casi duplicaron sus puntuaciones en las pruebas de escucha después de trabajar juntos en esta habilidad una noche cada semana durante 17 semanas.

Caminos hacia la mejora

Cualquier camino o cualquier esfuerzo que lleve a la mejora de la capacidad para escuchar ha de hacer dos cosas:

1. Potenciar la sensibilidad hacia los factores que afectan a la capacidad para escuchar.
2. Acrecentar la clase de experiencia auditiva que puede producir unos buenos hábitos de escucha.

Los lectores de este artículo podrán hacer al menos una aproximación al primero de estos dos elementos docentes; sólo con comentar los factores que afectan a la capacidad para escuchar ya se adquiere un cierto grado de sensibilidad. Más tarde analizaremos algunos pasos que podrían darse a fin de abordar el segundo elemento.

LA PISTA PRINCIPAL Y LAS LATERALES

En general, las personas piensan que la concentración mientras se escucha es un problema mayor que la concentración durante cualquier otra forma de comunicación personal. En realidad, la concentración al escuchar es más difícil. Cuando escuchamos, la concentración se ve estorbada por un factor que es peculiar de la comunicación auditiva y del que pocas personas son conscientes.

El problema viene dado, básicamente, por el hecho de que pensamos mucho más deprisa que hablamos. El ritmo del habla de la mayoría de norteamericanos es del orden de las 125 palabras por minuto. Este ritmo es demasiado lento para el cerebro humano que está compuesto por más de 13 millardos de células y funciona de una manera tan compleja pero eficiente que hace que los macroordenadores modernos parezcan lerdos. Las personas que estudian el cerebro no están totalmente de acuerdo sobre cómo funciona cuando pensamos, aunque la mayoría de los psicólogos creen que el medio básico del pensamiento es el lenguaje. Cierto es que las palabras desempeñan un gran papel en nuestros procesos de pensamiento y que las palabras fluyen por nuestro cerebro a velocidades muy superiores a las 125 palabras por minuto. Esto significa que cuando escuchamos pedimos a nuestro cerebro que reciba las palabras a un régimen extremadamente lento en comparación con sus capacidades.

Podría parecer lógico ralentizar nuestros pensamientos cuando escuchamos a fin de coincidir con las 125 palabras por minuto en que se sitúa el ritmo del habla, pero la ralentización de los procesos del pensamiento parece ser una cosa harto difícil de conseguir. Por lo tanto, cuando escuchamos seguimos pensando a alta velocidad mientras que las palabras habladas nos llegan a velocidad lenta. En el acto de la escucha, el diferencial entre los ritmos de pensamiento y habla significa que nuestro cerebro trabaja con cientos de palabras además de aquellas que oímos, formando pensamientos distintos a los que se nos exponen por medio de la palabra hablada. Para decirlo de otra manera, podemos escuchar y todavía nos sobra tiempo para pensar.

El uso, bueno o malo, de este tiempo sobrante para pensar contiene la respuesta a lo bien que una persona se puede concentrar en la palabra hablada.

Caso del escuchante desencantado. En nuestros estudios en la Universidad de Minnesota constatamos que la mayoría de las personas no emplea acertadamente su tiempo sobrante para pensar mientras escuchan. Ilustremos cómo sucede esto mediante la descripción de una experiencia conocida:

A, el jefe, está hablando a B, el subordinado, de un nuevo programa cuya puesta en práctica está planificando la empresa. B es un mal escuchante. En este caso, trata de escuchar bien pero le resulta muy difícil concentrarse en lo que tiene que decirle A.

A empieza a hablar y B se lanza al proceso de escuchar, captando cada palabra y frase que llega a sus oídos. Pero inmediatamente B comprueba que, debido a lo despacio que habla A, él tiene tiempo para pensar en cosas distintas a la línea de pensamiento expresada de palabra. Subconscientemente, B decide intercalar unos pocos pensamientos de su propia cosecha entre los que le están exponiendo de palabra con tanta lentitud. Así las cosas, B se sitúa rápidamente en una pista lateral y piensa algo como esto: «¡Ah, sí! Antes de irme quiero comentar con A el enorme éxito de la reunión que convoqué ayer.» Entonces B vuelve a la línea de pensamiento hablado de A y escucha durante unas cuantas palabras más.

Hay mucho tiempo para que B vuelva a hacer lo que ha hecho ahora: apartarse de lo que oye y luego volver rápidamente. Por ello, persiste en pasarse a pistas laterales para seguir con sus propios pensamientos personales. En realidad, difícilmente puede evitarlo, porque a lo largo de los años el proceso se ha convertido en un arraigado hábito auditivo para él.

Pero, tarde o temprano, B se va a entretener demasiado tiempo en una de sus carrerillas por las pistas laterales de su pensamiento. Cuando vuelva a la pista principal, A se estará desplazando por delante de él. En este punto se hace más difícil para B comprender a A, sencillamente porque B se ha perdido una parte del mensaje oral de aquél. Las pistas laterales del pensamiento de B se hacen más tentadoras que nunca y éste se pasa a varias de ellas. Lentamente va perdiendo cada vez un poco más de lo que A tiene que decirle.

Cuando A termina de hablar, se puede decir con toda seguridad que B habrá recibido y comprendido menos de la mitad de lo que se le dijo.

Reglas para una buena recepción

Una tarea importante a la hora de ayudar a las personas a escuchar mejor es enseñarles a usar eficientemente su tiempo libre para pensar a medida que escuchan. ¿Qué significa «eficientemente»? Para dar respuesta a esta pregunta hicimos un amplio estudio de los hábitos de escucha de las personas, especialmente con la intención de descubrir lo que sucede cuando las personas escuchan bien.

Encontramos que los buenos escuchantes se ocupan con regularidad en cuatro actividades mentales, relacionadas cada una de ellas con el discurso oral y que tienen lugar al mismo tiempo que ese discurso oral. Estas cuatro actividades mentales están claramente coordinadas cuando la escucha se produce de una manera óptima. Suelen orientar una cantidad máxima de pensamiento al mensaje que reciben y dejan una cantidad mínima de tiempo para las desviaciones por pistas laterales que se apartan del pensamiento del hablante. He aquí los cuatro procesos:

1. El escuchante piensa por delante del hablante, tratando de prever a lo que lleva el discurso oral y las conclusiones que se sacarán de las palabras pronunciadas en ese momento.
2. El escuchante sopesa las evidencias aportadas por el hablante en apoyo de los puntos que expone. «¿Son válidas estas evidencias?», se pregunta a sí mismo el escuchante. «¿Son éstas la totalidad de las evidencias que requiero?»
3. Periódicamente el escuchante revisa y resume mentalmente los puntos de la charla que se han completado hasta entonces.
4. A lo largo de la charla, el escuchante «escucha entre líneas» en busca de significados que no se hayan puesto explícita y necesariamente en las palabras habladas. Presta atención a la comunicación no verbal (expresiones faciales, gestos, tono de la voz) para ver si añade significado a la palabra hablada. Se pregunta a sí mismo, «¿Está el hablante eludiendo deliberadamente alguna faceta del asunto? ¿Por qué lo hace?»

La velocidad a la que pensamos comparada con aquélla a la que se nos suele hablar nos deja tiempo suficiente para realizar estas cuatro tareas mentales cuando escuchamos; no obstante, requieren práctica antes de que puedan pasar a formar parte de la agilidad mental que coadyuva a la buena escucha. En nuestros cursos de formación hemos preparado ejercicios de audición destinados a facilitar esta práctica a las personas y acrecentar así sus buenos hábitos de concentración durante la audición.

A LA ESCUCHA EN POS DE IDEAS

Otro factor que afecta a la capacidad de escucha se refiere a la reconstrucción de los pensamientos comunicados por vía oral una vez que han sido recibidos por el escuchante. A modo de ilustración:

> *Los periódicos informaron no hace mucho de que una iglesia había sido desmantelada en Europa y enviada piedra a piedra a América, donde se reconstruyó con su forma original. El traslado de la iglesia es análogo a lo que sucede cuando una persona habla y es comprendida por un escuchante. El hablante tiene un pensamiento. Para transmitirlo, lo despieza en palabras. Las palabras, enviadas a través del aire al escuchante, deben ser reordenadas mentalmente para dar forma al pensamiento original, si han de ser plenamente comprendidas. Pero la mayoría de las personas no saben lo que han de escuchar y no pueden reconstruir el pensamiento.*

Por alguna razón, muchas personas se enorgullecen de poder decir que sobre todo tratan de «captar los hechos» cuando escuchan. Parece bastante lógico que actúen así. Si una persona capta todos los hechos, ciertamente comprenderá lo que se le dice. Por lo tanto, muchas personas tratan de memorizar hasta el mínimo hecho que se enuncie. Con tal práctica de «captar los hechos», podemos suponer con toda certeza que el escuchante adquirirá un hábito de escucha gravemente ineficaz.

Para empezar, podemos afirmar que memorizar los hechos es una imposibilidad virtual para la mayoría de la gente en situación de escucha. A medida que se memoriza un hecho, la totalidad o una parte del hecho siguiente es casi seguro que se perderá. Aunque esté haciendo todo cuanto puede, es probable que el escuchante sólo capte unos pocos hechos, seleccione tendenciosamente otros muchos y olvide por completo el resto. Incluso en el caso de personas que *puedan* asimilar auditivamente todos los hechos que oigan, de uno en uno conforme los oigan, es harto probable que la escucha se siga produciendo a un nivel muy bajo; están pendientes de los fragmentos de lo que oyen y tienden a perder las áreas más amplias de la comunicación hablada.

Cuando las personas conversan, desean hacerlo con escuchantes que comprendan sus *ideas*. Los hechos son útiles más que nada para dar forma a las ideas. Captar las ideas, según hemos comprobado, es la técnica en la que se centra el buen escuchante. Recuerda los hechos solamente durante el tiempo necesario para comprender las ideas que se forman a base de ellos. Pero luego, casi milagrosamente, captar una idea ayudará al escuchante a recordar los hechos que la respaldan con mayor eficacia que la persona que sólo va en pos de los hechos. Esta habilidad para la escucha es una de las que se pueden aprender, una en la que las personas pueden adquirir experiencia que les lleve a una mejor comunicación auditiva.

FILTROS EMOCIONALES

En diferentes grados y de muy diferentes maneras, nuestras emociones afectan a la capacidad de escucha[2]. En sentido figurado, pulsamos el mando a distancia y mentalmente desconectamos lo que queremos oír. O, por otra parte, cuando alguien dice aquello que precisamente queremos oír, abrimos de par en par nuestros conductos auditivos y aceptamos todo: verdades, medias verdades o embustes. Así pues, podríamos decir que nuestras emociones actúan como filtros auditivos. A veces causan efectivamente sordera y, en otras ocasiones, hacen que la escucha resulte del todo fácil.

Si oímos algo que va en contra de nuestros más arraigados prejuicios, nociones, convicciones, costumbres o complejos, nuestro cerebro se puede sentir excesivamente estimulado y no en una dirección que apunte hacia una buena escucha. Mentalmente planificamos una refutación de lo que oímos, formulamos una pregunta destinada a poner en apuros al hablante o, tal vez, nos limitemos a ocuparnos en pensamientos que respalden nuestros propios sentimientos sobre el asunto que tenemos entre manos. Por ejemplo:

El contable de la empresa acude al director general y dice: «Acabo de saber que la Agencia Tributaria...» Al director general se le hace un nudo en la garganta y piensa: «¡Esta maldita Agencia! ¿No me dejarán nunca en paz? Todos los años esos vampiros me chupan los beneficios hasta un punto en que...» Rojo de ira, se da la vuelta y mira por la ventana. La mención de la Agencia Tributaria desencadena emociones que cortan la escucha por parte del director general.

Mientras tanto, el contable puede seguir adelante para decir que lo que oyó presupone la probabilidad de ahorrar 3.000 dólares si el director general toma unas pocas y sencillas medidas. El airado director general puede oír esto —si el contable insiste lo suficiente— pero hay muchas probabilidades de que no llegue a captarlo.

Cuando las emociones hacen que escuchar sea demasiado fácil, normalmente se debe a haber oído algo que respalda los más arraigados sentimientos internos que albergamos. Cuando oímos tal apoyo, nuestras barreras mentales caen por tierra y todo se recibe de buen grado. Formulamos pocas preguntas respecto a lo que oímos; nuestras facultades críticas quedan fuera de servicio ante el empuje de nuestras emociones. La acción y el efecto de pensar bajan a mínimos porque oímos pensamientos que hemos albergado durante años en apoyo de nuestros sentimientos más profundos. Es bueno oír a alguien más expresar esos pensamientos, por lo que perezosamente disfrutamos de toda la experiencia.

¿Qué podemos hacer a propósito de todos estos filtros emocionales? La solución no es fácil en la práctica, aunque se puede resumir en esta sencilla admonición: *oiga a la persona que tiene frente a usted.* Veamos a continuación dos indicadores que frecuentemente ayudan a formar a la gente en la realización de esto:

1. **Absténgase de evaluaciones** – Éste es uno de los más importantes principios del aprendizaje, especialmente del aprendizaje por medio del oído. Requiere autocontrol, más a veces del que la mayoría de nosotros podemos ejercer, pero con una práctica persistente se puede llegar a convertir en un valioso hábito. El principal objeto mientras se escucha es comprender cada punto de los expuestos por el hablante. Los juicios y las decisiones se deben reservar hasta que el hablante haya terminado. En ese momento, y sólo entonces, revise sus principales ideas y evalúelas.

2. **Busque evidencias negativas** – Cuando escuchamos, es humano emprender una búsqueda militante de pruebas que nos den la razón respecto a aquello en lo que creemos. Rara vez emprende-

mos una búsqueda de pruebas que demuestren que estamos equivocados. El último tipo de esfuerzo no es fácil porque detrás de su aplicación debe haber un espíritu generoso y una auténtica amplitud de miras. Sin embargo, una parte importante de la comprensión de lo que escuchamos se encuentra en la búsqueda de evidencias negativas de lo que oímos. Si nos acostumbramos a buscar las ideas que podrían demostrar que estamos equivocados, así como aquellas que podrían demostrar que estamos en lo cierto, correremos menos riesgo de perdernos lo que las personas nos quieran decir.

Ventajas en la empresa

La mejora de la escucha, o simplemente un esfuerzo por hacer que las personas sean conscientes de lo importante que es su capacidad para la escucha, puede ser de gran valor en la empresa actual. Cuando las personas de las empresas dejan de oírse y comprenderse entre ellas, los resultados pueden ser extremadamente costosos. Cosas tales como números, fechas, lugares y nombres son especialmente fáciles de confundir, pero los acuerdos más fáciles a que se puede llegar frecuentemente son objeto de errores de escucha, también. Cuando estos errores se acumulan, el coste y la ineficiencia resultantes en la comunicación en la empresa pueden tener mucha gravedad. Hacer que los empleados sean conscientes de la importancia de escuchar bien puede eliminar un gran porcentaje de este tipo de error auditivo.

¿Cuáles son algunos de los problemas específicos que puede resolver una buena escucha?

MENOS PAPELEO

Para empezar, lleva a una economía en las comunicaciones. Los incidentes creados por una escucha deficiente hacen que muy frecuentemente los hombres de negocios tengan auténtico pánico a la comunicación oral. Como resultado, insisten en que se ponga por escrito una parte cada vez mayor de las comunicaciones. Una gran cantidad de comunicaciones ha de quedar registrada, pero la presión a favor de la escritura se suele ejercer en demasía. El más pequeño detalle pasa a las páginas de un memorando. El papeleo se amontona cada vez más y causa una parte del embrollo que llamamos burocracia. Muchas veces sería aconsejable escribir menos y hablar más, *si* pudiéramos planificar una buena escucha.

Escribir y leer son elementos de comunicación mucho más lentos que hablar y escuchar. Requieren más personal, más equipo y más espacio que los necesarios para hablar y escuchar. Frecuentemente se necesitan una mecanógrafa y un mensajero, y no digamos nada de dictáfonos, máquinas de escribir y otros materiales de escritura. Pocas personas piensan que sea seguro desprenderse de una comunicación escrita, por lo que se necesita equipo de archivo, junto con alguien que se encargue de archivar.

En la comunicación oral intervienen más sentidos humanos que en la visual; y si se produce una buena escucha se pueden comunicar más cosas en un solo mensaje. Y lo que tal vez sea más importante de todo, se da la característica del tira y afloja propia de la comunicación oral. Si el escuchante no comprende un mensaje, tiene la oportunidad de aclarar las cosas allí y entonces.

COMUNICACIÓN ASCENDENTE

La habilidad para la escucha se hace extremadamente importante cuando nos referimos a la «comunicación ascendente». Hay muchas vías a través de las cuales la dirección puede enviar mensajes hacia los estratos que, por debajo de ella, configuran los diferentes niveles de la organización empresarial, pero hay pocas vías para el movimiento de información en sentido ascendente hacia la dirección. Quizá la vía ascendente más evidente de todas sea la cadena humana de las personas que hablan con otras personas: el hombre que trabaja en la máquina habla a su capataz, el capataz habla a su inspector, el inspector a su jefe y así, pasando de persona a persona, la información acaba por llegar a la cúspide.

Esta cadena de comunicación tiene potencial, pero rara vez da buenos resultados porque está repleta de escuchantes deficientes. Se pueden producir fallos por tres razones al menos:

- Sin escuchantes eficientes, las personas no hablan con libertad y el flujo de la comunicación rara vez se pone en movimiento.
- Si el flujo empezara, un solo escuchante deficiente sería bastante para cortar su desplazamiento hacia la cúspide.
- Aunque el flujo continuara hasta la cúspide, es probable que el contenido de los mensajes sufriera graves distorsiones en su recorrido.

Sería absurdo asumir que estas líneas de comunicación ascendente iban a poder funcionar sin perturbaciones, pero no hay razón para pensar que no se pueden perfeccionar con una mejor escucha. Pero los primeros pasos ha de darlos la alta dirección. Más y mejor escucha por su parte puede cebar las bombas que inicien el flujo ascendente de información.

RELACIONES HUMANAS

Las personas en todas las fases de las empresas necesitan sentirse libres para hablar a sus superiores y saber que se les atenderá con comprensión. Pero son demasiados los superiores que se niegan a escuchar, a pesar de manifestar que sus puertas están abiertas siempre. Sus subordinados, en vista de esta negativa, no se sienten libres para decir lo que quieren decir. Como resultado de todo ello, los subordinados se distancian cada vez más de sus superiores. Dejan de hablar de problemas importantes que se deberían airear por el bien de ambas partes. Cuando tales problemas no se sacan a la luz, suelen transformarse en monstruos irreales que retornan una y otra vez para atormentar al superior que no quiso escuchar.

El remedio para esta clase de fallo de la audición —que se debe aplicar cuando los subordinados sientan la necesidad de hablar— es lo que hemos denominado «escucha no dirigente». El escuchante oye, procura verdaderamente comprender lo que oye, y más tarde demuestra comprensión al emprender una acción si eso fuera necesario. Por encima de todo, durante un discurso oral, el oyente se abstiene de trasladar sus propios pensamientos a la persona que habla o de indicar su desagrado o desaprobación mediante gestos o expresiones de cualquier otro tipo; solamente habla para pedir aclaraciones.

Esto no es una tarea fácil, dado que el escuchante se enfrenta a la posibilidad de oír que pueden ser erróneas las nociones e ideas más profundamente arraigadas en él. Escuchar de manera no dirigente y sin replicar requiere más dominio de uno mismo del que la mayoría de nosotros puede ejercer. Pero cuando se puede aplicar una escucha no dirigente, los resultados justifican normalmente el esfuerzo. Las personas que hablan tienen la oportunidad de descargarse. Igualmente importante es el hecho de que el escuchante tiene mejores probabilidades de asesorar o actuar eficazmente cuando llegue la ocasión de hacerlo.

Escuchar es sólo una fase de las relaciones humanas, solamente un aspecto del cometido del administrador; escuchar no resolverá por sí mismo ningún problema grave. Sin embargo, la pasada experiencia de muchos ejecutivos y organizaciones no deja duda, en nuestra opinión, de que una mejor escucha puede llevar a una reducción de las fricciones humanas que perturban hoy en día a muchas empresas.

ESCUCHAR PARA VENDER

Las técnicas de venta a alta presión están dando paso a métodos de baja presión en la comercialización de bienes industriales y de consumo. Es probable que el vendedor eficaz de hoy en día centre su atención en el enfoque de las ventas cliente-problema.

Para poner en práctica este enfoque, la habilidad para la escucha es un instrumento esencial para el vendedor, mientras que su mayor o menor locuacidad pasa a ser menos importante. *La manera* en que habla un vendedor resulta ser relativamente menos importante, habida cuenta de que *aquello* que dice, cuando está basado en lo que escucha, da fuerza a la palabra hablada. En otras palabras, la escucha del vendedor pasa a ser una forma de investigación puntual del cliente que puede ponerse inmediatamente en práctica al formular cualquier conversación de ventas.

Con independencia de los valores que puede ofrecer la escucha para las personas que se ganan la vida vendiendo, muchas organizaciones de ventas parecen aferrarse a la convicción de que la labia tiene magia. Sus esfuerzos de mejora se orientan sobre todo al lado hablado de las técnicas de venta. Estamos convencidos, sin embargo, de que con el vendedor medio la capacidad para hablar se valdrá por sí misma, pero la capacidad de escucha es algo que de verdad necesita mejora.

EN CONFERENCIA

Los asuntos más importantes en la empresa se despachan en torno a las mesas de conferencia. Mucho se ha dicho y escrito sobre cómo hablar en una conferencia, cómo transigir, cómo centrarse en los problemas y cómo tratar con ciertos tipos de individuo. Todas estas cosas pueden ser muy importantes, pero con harta frecuencia los expertos se olvidan de decir: «Ante todo y sobre todo, usted tiene que aprender a escuchar en una conferencia».

La razón de esto es sencilla si pensamos en la finalidad básica por la que se celebran casi todas las conferencias. Las personas se reúnen para aportar sus diferentes puntos de vista, conocimientos y experiencias a miembros del grupo, que luego busca lo mejor de todos los participantes en la conferencia para resolver un problema común. Sin embargo, en caso de que haya mucha más habla que escucha en una conferencia, las contribuciones orales hechas al grupo no valdrán ni el aliento requerido para formularlas.

Una mayor y mejor escucha en cualquier conferencia es seguro que facilitará el intercambio de ideas que tanto importa para el éxito de una reunión. También ofrece muchas otras ventajas; por ejemplo, cuando los participantes hacen un buen trabajo de escucha, hay muchas más probabilidades de que su conferencia se mantenga centrada en el problema que tenga entre manos y muchas menos de que se vaya por las ramas sin provecho para nadie.

Los primeros pasos hacia una mejor escucha en una conferencia puede darlos el líder del grupo. Solamente con que haga una afirmación de apertura llamando la atención sobre la importancia de la buena escucha, es muy probable que aumente la respuesta auditiva de los participantes. Y si el propio líder hace un buen trabajo de escucha, habrá muchas probabilidades de que lo imiten los otros integrantes del grupo.

Conclusión

Cabe dentro de lo probable que algunos hombres de negocios deseen poner en práctica en sus empresas un programa de mejora de la escucha. He aquí 14 sugerencias destinadas a continuar con aquello que confiamos en que este artículo habrá empezado a hacer: crear consciencia de la escucha.

1. Dedique uno o varios seminario(s) para ejecutivos al debate de los papeles y funciones de la escucha como instrumento empresarial.
2. Use los casos filmados de que ahora se dispone en los cursos de formación para directores.[3] Dado que estos casos presentan el problema tal como se produciría en la realidad, los espectadores se ven obligados a practicar buenos hábitos de escucha a fin de estar seguros de lo que está pasando, y esto incluye no sólo escuchar la banda sonora sino observar también las expresiones faciales, gestos y movimientos de los actores.
3. Si es posible, invite a oradores cualificados y pídales que hablen de la escucha, con mención especial a la forma en que se podría aplicar a la empresa.

Tales oradores pueden encontrarse en unas cuantas universidades donde se enseñe a escuchar como parte de la formación en comunicaciones.

4. Organice un autoinventario por los empleados respecto a su forma de escuchar en el trabajo. Facilite a todos y cada uno de ellos un formulario sencillo dividido en espacios para cada hora del día. Cada espacio se debe dividir más para permitir que el usuario lleve un registro de la cantidad de tiempo que dedica a leer, escribir, hablar y escuchar. Comenten los resultados de estos formularios después de que se hayan completado los tiempos de formación. ¿Qué porcentaje del tiempo dedican a escuchar las personas? ¿Qué podría significar una escucha mejorada en cuanto a eficacia en el trabajo?

5. Haga un test de capacidad de escucha a los integrantes del grupo y enséñeles las puntuaciones que alcanzaron. Hay al menos un test estandarizado para este fin.[4] Comente el significado de las puntuaciones con las personas que hicieron el test.

6. Cree una fonoteca con grabaciones sobre literatura, discursos, etc. (muchas se pueden adquirir en tiendas especializadas) y ponga las grabaciones a disposición de los empleados en una sala que tenga el equipo de reproducción adecuado. También puede prestar las grabaciones a los empleados que deseen llevarlas a casa y escucharlas en sus ratos de ocio. Para una fonoteca de este tipo se pueden grabar textos pertinentes para los trabajos de los empleados de tal manera que quienes estén interesados puedan escuchar con fines formativos.

7. Grabe unas cuantas sesiones reales de información que puedan convocar los inspectores de talleres u

otros. Cuando se incorporen empleados nuevos a la empresa, hágales escuchar estas grabaciones como parte de su formación inicial. Compruebe su comprensión de lo que oigan por medio de breves tests objetivos. Resalte que esto se hace porque escuchar es importante en los nuevos puestos de trabajo.

8. Organice situaciones de interpretación de papeles, en las que los ejecutivos se tengan que enfrentar a quejas comparables a aquellas que podrían formularles sus subordinados. Pida a los observadores que comenten lo bien que parezca escuchar cada ejecutivo. ¿Reflejan sus observaciones un buen trabajo de escucha? ¿Se abstiene de involucrarse emocionalmente en lo que dice el subordinado?

9. Pida a los vendedores que dediquen a cada uno de sus clientes un par de hojas de un cuaderno. Después de hacer una visita, el vendedor ha de anotar toda la información útil recibida oralmente del cliente. Antes de cualquier visita posterior, el vendedor deberá consultar esta información que cada vez será más provechosa.

10. Cuando la organización cuente con un buen número de clientes de confianza, invite a algunos de los más comunicativos a participar junto con los vendedores en un análisis en grupo de las técnicas de venta. ¿Cómo se sienten los clientes al hablar y escuchar en el papel de vendedores? Procure que los clientes hagan críticas de la manera de escuchar de los vendedores con los que contacten.

11. En una sesión de formación, planifique y celebre una conferencia sobre un problema dado y grábela. Después, reproduzca la grabación. Coméntenla

en lo que atañe a la forma de escuchar. ¿Denotan una buena manera de escuchar las aportaciones orales de diferentes participantes? Si la conferencia se hubiera desviado por derroteros imprevistos, analicen las causas en cuanto a la manera de escuchar.

12. Si hay tiempo después de una conferencia programada, celebre una crítica de la forma de escuchar. Pida a cada asistente que evalúe la atención de escucha que recibió mientras hablaba y que exponga su análisis de su propia actuación en la escucha.

13. En reuniones importantes de dirección sobre asuntos conflictivos aplique el «Procedimiento para "forzar" el acuerdo» ideado por Irving J. Lee.[5] De acuerdo con las reglas básicas para este procedimiento, que Lee esbozó detalladamente en su artículo, el presidente establece un período durante el cual los proponentes de un punto de vista acaloradamente debatido pueden exponer su posición sin sufrir interrupciones: la oposición se ve limitada a: (a) formular preguntas para recibir aclaraciones; (b) solicitar información concerniente a las características peculiares de la propuesta que se debate; y (c) solicitar información respecto a si es posible comprobar los supuestos o predicciones del ponente.

14. Patrocine una serie de charlas para los empleados, sus familias y sus amigos. Las charlas podrían ser sobre cualquier número de temas interesantes que tengan valor educativo así como características de entretenimiento. Aclare que estas charlas se ofrecen como parte de un programa de mejora de la manera de escuchar.

Naturalmente, no todas estas sugerencias son aplicables a toda situación. Cada empresa tendrá que adaptarlas a sus propias necesidades particulares. Sin embargo, la cosa más importante puede no ser lo que sucede cuando se sigue una sugerencia específica, sino más bien lo que sucede cuando las personas son conscientes del problema de la escucha y de lo que pueden hacer las capacidades auditivas mejoradas en beneficio de sus trabajos y sus empresas.

Parece ser que las personas tienen una propensión a hablarse unas a otras mucho más acusada que a escucharse entre ellas y, cuando escuchan, la clase de información de retorno que brindan a quien les habla —y la clase de reacción que a su vez manifiesta el orador ante esta información de retorno— parece ser con harta frecuencia autodefensiva y generalmente competitiva, o insincera y por ello engañosa, más que aclaratoria, sincera y cooperante.

Digno de ser destacado a este respecto es el hecho extrañamente infravalorado de que quienes escuchan pueden sentirse, y frecuentemente se sienten, gravemente amenazados por quienes hablan...

Lo que hace tan intrigante este problema es el hecho de que en una realidad objetiva nada pasa del orador a quien le escucha excepto ondas de aire y ondas de luz y, como tales, como manifestaciones de fuerza física, son impresionantemente débiles... Visto desde un enfoque puramente mecánico, los puros efectos físicos que a veces producen no son obviamente creíbles. Estas ondas realmente débiles normalmente perturban el sistema cardiovascular, las glándulas endocrinas, el sistema nervioso autónomo, la musculatura esquelética, incluso el aparato digestivo del oyente, con efectos que van de la aceleración del ritmo cardíaco y el palidecimiento de la piel a la regurgitación e incluso la pérdida de la consciencia. Mientras tanto, nada excepto salvo las más suaves vibraciones del aire y los reflejos perfectamente inocuos de la luz pasa entre orador y oyente, incluso cuando el orador grita, tiembla y salta arriba y abajo violentamente. Una consciencia efectiva de esto debe llegar a conseguir que quienes escuchan se sientan menos atemorizados y que quienes hablan se sientan menos seguros del poder amenazante de las palabras como tales, en particular de las palabras mascilladas o proferidas a gritos.[6]

Notas

[1] Véase, de E.J.J. Kramar y Thomas B. Lewis, «Comparison of visual and nonvisual listening», *Journal of Communication*, noviembre de 1951, pág. 16, y de Arthur W. Heilman, «An investigation in measuring and improving listening ability of college freshmen», *Speech Monographs*, noviembre de 1951, pág. 308.

[2] Véase, de Wendell Johnson, «The fateful process of Mr. A. Talking to Mr. B.», *Harvard Business Review*, enero-febrero de 1953, pág. 49.

[3] Véase, de George W. Gibson, «The filmed case in management training», *Harvard Business Review*, mayo-junio de 1957, pág. 123.

[4] Brown-Carlsen Listening Comprehension Test (Yonkers-on-Hudson, World Book Company).

[5] *Harvard Business Review*, enero-febrero de 1954, pág. 39.

[6] Wendell Johnson, *Your most enchanted listener*, Nueva York, Harper & Brothers, 1956, págs. 184-186.

«Listening to people»
Publicado originalmente en setiembre-octubre de 1957

El texto de este artículo procede del libro del autor Are you listening? *(Nueva York, McGraw-Hill Book Company, Inc., cuya publicación estaba prevista para septiembre de 1957).*

Cómo dirigir reuniones

ANTONY JAY

Resumen

¿CUÁL ES LA RAZÓN DE QUE UNA REUNIÓN pueda ser una pérdida de tiempo, un motivo de irritación o un obstáculo para el logro de los objetivos de la organización? La respuesta radica en el hecho, como dice el autor, de que «toda clase de corrientes contrarias pueden desviar la reunión de su curso, y los errores técnicos y psicológicos de quien la dirige pueden desvirtuar sus fines». Este artículo ofrece directrices para enderezar las cosas que se tuercen en las reuniones. Estudia las funciones de las reuniones, las diferencias entre ellas en tamaño y tipo, las formas de definir objetivos, la realización de los preparativos, el papel del presidente y cómo dirigir una reunión para que consiga sus objetivos.

¿POR QUÉ CELEBRAR REUNIONES, en cualquier caso? ¿Por qué, realmente? Existen un número enorme de cosas importantes que puede hacer perfectamente un individuo aislado, sin consultar con nadie. Son muchas más aún las que se resuelven por medio de una carta, un memorandum, una llamada telefónica o una simple conversación entre dos personas. Algunas veces, cinco minutos gastados con seis personas separadamente son más eficaces y productivos que una reunión de media hora con todos ellos juntos.

Ciertamente, muchas reuniones hacen perder el tiempo a todo el mundo, y parece que se celebran por razones históricas más que por razones prácticas; muchos comités, establecidos hace mucho tiempo, no son más que monumentos a problemas muertos. Probablemente, se les podría ahorrar gran cantidad de tiempo a los ejecutivos si cada comité tuviera que plantearse su propia disolución una vez al año y tuviera que someterlo a discusión cuando creyese que debía continuar otros doce meses. Aunque este requisito no tuviera ningún otro efecto, como mínimo replantearía en las mentes de los miembros del comité el tema de los fines y objetivos de éste.

Pero una vez dicho eso, y admitiendo que el encargar el estudio de un tema a un comité puede ser un recurso para diluir la autoridad, difuminar la responsabilidad y retrasar las decisiones, no puedo negar que las reuniones satisfacen una necesidad humana profundamente sentida. El hombre es un animal social. En todas las organizaciones y en todas las culturas humanas de las que se tiene recuerdo, las personas se reúnen en grupos pequeños, en intervalos regulares y frecuentes, y en reuniones «tribales» más grandes, de vez en cuando. Si no existen reuniones en los lugares donde trabajan, el sentido de pertenencia de las personas a las organizaciones para las que trabajan será pequeño y, de todos modos, se reunirán formal o informalmente en asociaciones, sociedades, grupos, clubs o bares cuando se termine el trabajo.

Esta necesidad de celebrar reuniones es, claramente, algo más que un simple legado de nuestro pasado primitivo de cazadores. De vez en cuando, aparece algún tecno-maníaco con la visión de un ejecutivo que jamás abandona su casa, que controla su empresa con una consola de ensueño, totalmente electrónica, dotada de múltiples canales y de una pantalla y situada en la sala de estar de su casa. Pero cualquier ejecutivo que haya tenido que hacer funcionar una organización contempla esta visión con una sonrisa que se transforma rápidamente en un bostezo.

Existe un mundo de ciencia-ficción y un mundo de realidad humana; y los que viven en el mundo de la realidad humana saben que la forma de mantenerlo en funcionamiento es por medio de reuniones cara a cara. Una reunión cumple una serie de funciones que nunca serán sustituidas por los teléfonos, las teleimpresoras, las xerocopiadoras, las grabadoras de cinta, los monitores de televisión ni por ningún otro instrumento tecnológico de la «revolución de la información.

Funciones de una reunión

En este punto, comprenderemos mejor el significado de las reuniones si contemplamos las seis funciones principales que las reuniones siempre cumplirán mejor que cualquiera de los medios más recientes de comunicación:

1. Del modo más simple y básico, una reunión define el equipo, el grupo o la unidad. Los que están presentes pertenecen a ellos, los que no lo están, no pertenecen. Cada cual puede mirar a su alrededor y percibir el grupo completo y sentir la identidad colectiva, de la cual forma parte. Todos sabemos quiénes somos: bien sea que estemos en el consejo de Universal International, en el departamento de

ventas de Flexitube Inc., en el comité de dirección de la escuela, en el equipo de fútbol de East Hampton, o en la sección n.º2 de la 4.ª compañía del batallón C.

2. La reunión es el lugar donde el grupo revisa, actualiza y acrecienta los conocimientos *del grupo como tal.* Cada grupo crea su propio depósito de conocimientos, experiencias, juicios, tradiciones y costumbres comunes. Pero el depósito consiste solamente en lo que los individuos han experimentado o examinado como grupo: es decir, esas cosas que todos los individuos saben que todos los demás saben también. Este depósito no sólo ayuda a todos los miembros a realizar sus tareas más inteligentemente, sino que también aumenta, en gran medida, la rapidez y eficiencia de las comunicaciones entre ellos. El grupo sabe que todos los matices y todas las connotaciones presentes en una frase aparecerán inmediatamente con claridad para todos los demás miembros. Puede dejarse sin decir una cantidad enorme de cosas que habría que explicitar para un extraño.

Pero este depósito necesita ser refrescado y rellenado constantemente y, de vez en cuando, hay que limpiarlo de impurezas. Por lo tanto, un asunto tan simple como el intercambio de la información y las ideas que los miembros han adquirido independientemente desde la última reunión es una contribución importante a la fortaleza del grupo. Al interrogar y comentar sobre contribuciones nuevas, el grupo realiza un proceso «digestivo» importante que extrae lo que tiene valor y desecha el resto.

Algunos etólogos llaman a esta capacidad de compartir conocimientos y experencias en el seno de un grupo «mente social», y la conciben como una mente única dispersa entre una serie de cabezas. Reconocen que esta «mente social» tiene también un poder creador especial. Un grupo de personas reunidas puede producir con frecuencia mejores ideas, planes y decisiones de lo que podría hacer un individuo aislado, o un número de individuos si cada cual trabajara aisladamente. Por supuesto, la reunión puede producir peores resultados, o ninguno en absoluto, si se trata de una mala reunión.

Sin embargo, cuando la experiencia, el conocimiento, el juicio, la autoridad y la imaginación combinadas de media docena de personas se reúnen para tratar temas concretos, se consigue mejorar y, algunas veces, transformar una gran cantidad de planes y decisiones. La idea original que una persona pueda tener se comprueba, amplifica, refina y transforma gracias a la discusión y al debate (que con frecuencia actúan sobre las personas como una especie de estimulante químico que les hace rendir más), hasta el punto de que satisface muchos más requisitos y supera muchas más objeciones de lo que lograría en su forma original.

3. Una reunión ayuda a cada uno de los individuos a comprender tanto el objetivo colectivo del grupo, como la forma en que su propio trabajo y el de todos los demás pueden contribuir al éxito del grupo.

4. Una reunión crea en todos los presentes un compromiso con las decisiones que se toman y con los objetivos que se persiguen. Una vez que se ha decidido algo, la pertenencia al grupo implica la obligación de aceptar la decisión incluso para quien estuviera originalmente en contra de ella. La alternativa es abandonar el grupo, pero en la práctica raras veces es una opción significativa. En el seno de

las organizaciones, la oposición real a las decisiones suele deberse en un 10% a desacuerdo con la decisión, y en un 90% a resentimiento por no haber sido consultado antes de tomarla. Para muchas personas, respecto a toda clase de problemas, basta saber que se han oído y considerado sus puntos de vista. Quizá lamenten que no se siguieran éstos, pero aceptan el resultado.

Y del mismo modo que la decisión de cualquier equipo es vinculante para todos los miembros, las decisiones de una reunión de personas situadas en los niveles superiores de la organización llevan consigo una autoridad más grande que las que toma un ejecutivo aisladamente. Es mucho más difícil desafiar una decisión del comité de dirección que una del director general, cuando actúa en solitario. La autoridad que cara a la toma de decisiones tiene una reunión es de importancia especial para las políticas y procedimientos a largo plazo.

5. En el mundo de la dirección empresarial, las reuniones son, con frecuencia, las únicas ocasiones en que el equipo o grupo existe realmente y trabaja como tal, y la única vez en que el supervisor, ejecutivo o directivo es percibido como líder del grupo, más que como el superior del que dependen los individuos. En algunos trabajos, el líder dirige a sus hombres con su presencia personal; no solamente el líder de un equipo de poceros o de una cuadrilla de albañiles, sino también el chef en la cocina y el *maître* en el restaurante, o el encargado en unos almacenes. Pero en los centros administrativos grandes, la reunión diaria o semanal es el único momento en que se ve al líder guiando a un equipo, y no simplemente realizando un trabajo.

6. Una reunión es un terreno de juego de status. No sirve de nada pretender que las personas no están o no debieran estar preocupadas con su status, en relación con los otros miembros del grupo. Se trata simplemente de otra parte de la naturaleza humana con la que tenemos que vivir. No es un hecho insignificante que la palabra *orden* signifique: (a) jerarquía o seriación; (b) instrucción o mandato; y (c) estabilidad y la forma en que deben estar las cosas. Las tres definiciones son aspectos de la misma idea, que es indivisible.

Dado que una reunión es, con frecuencia, la única ocasión en que los individuos tienen la posibilidad de descubrir su posición relativa, la función «terreno de juego» es inevitable. Cuando un grupo es nuevo, cuando tiene un nuevo líder, o cuando está compuesto por personas, como jefes de departamento, que compiten por ascender y que no trabajan en un equipo único fuera de la reunión, es probable que el aspecto de juego de fuerzas figure con más preponderancia incluso, hasta el punto de dominar las actuaciones. Sin embargo, no suele ser importante en un grupo establecido hace tiempo, que se reúne con regularidad.

Aunque las reuniones pueden realizar todas las funciones principales recién descritas, no hay garantía de que las cosas vayan a ser así en una situación determinada. Es muy posible que una reunión concreta sea una pérdida de tiempo, un motivo de irritación o un obstáculo para la consecución de los objetivos de la organización.

¿Qué clase de reunión?

A pesar de que mi objetivo en este artículo es mostrar los puntos críticos en los cuales funcionan mal la mayor parte de reuniones, e indicar la manera de enderezarlas, debo trazar algunas distinciones importantes en el tamaño y tipo de reuniones.

Las reuniones se pueden clasificar por su *tamaño* en tres categorías amplias: (1) la asamblea: 100 o más personas de las que se espera que hagan poco más que escuchar al orador u oradores principales; (2) el consejo o junta: 40 o 50 personas que están básicamente allí para escuchar al orador u oradores principales, pero que pueden plantear preguntas o hacer comentarios y a los que se puede preguntar para que contribuyan con algo de su propia cosecha, y (3) el comité: hasta 10 (o, como máximo, 12) personas, todas las cuales hablan más o menos en pie de igualdad bajo la dirección y el control de un presidente.

En este artículo nos vamos a ocupar sólo de la reunión tipo «comité», aunque se le pueda llamar comité, subcomité, grupo de estudio, equipo de proyectos, grupo de trabajo, consejo, u otra serie de títulos parecidos. Se trata, con mucho, de la reunión más usual en todo el mundo, y quizá se puedan ver en ella las huellas de la banda de caza, por medio de la cual ha evolucionado nuestra especie. Está fuera de duda que constituye el grueso de los 11 millones de reuniones que —tal como se ha calculado— tienen lugar todos los días en los Estados Unidos.

Aparte de la distinción de tamaño, existen algunas consideraciones relativas al *tipo* de reunión que afectan profundamente a su naturaleza.

Por ejemplo:

Frecuencia: Una reunión diaria es diferente de una semanal, y ésta, a su vez, lo es de una mensual. También son diferentes las reuniones irregulares, las ad hoc, las trimestrales y anuales. En conjunto, la frecuencia de las reuniones define o quizá incluso determina el grado de unidad del grupo.

Composición. ¿Trabajan conjuntamente los miembros del grupo en el mismo proyecto, tal como los enfermeros y auxiliares de la misma sala de un hospital? ¿Trabajan en tareas diferentes pero paralelas, como una reunión de los directores de fábrica de una empresa, o de sus jefes regionales de ventas? ¿O se trata de un grupo disperso, con miembros extraños entre sí, quizá unidos sólo para la misma reunión y por un interés común en la realización de sus objetivos?

Motivación. ¿Tienen los miembros un objetivo común en su trabajo, como un equipo de fútbol? ¿O tienen, en cierta medida, una relación funcional competitiva, como los directores de empresas filiales en una reunión con el director general, o los jefes de investigación, producción y márketing cuando debaten la asignación de recursos financieros para el año próximo? ¿O les unifica el deseo del éxito de la reunión misma, como un grupo para presentación acrítica de ideas *(brainstorming)* o un comité de diseño de un nuevo producto?

Proceso de decisión. ¿Cómo llega, en último término, el grupo reunido a sus decisiones? ¿Por consenso general? ¿Por el voto de la mayoría? ¿O se dejan las decisiones totalmente al presidente en persona, una vez que ha escuchado los hechos, opiniones y debates?

TIPOS DE REUNIONES

El asistente a reuniones experimentado reconocerá que, aunque parece haber cinco métodos diferentes para analizar una reunión, en la práctica existe una cierta tendencia a que determinados tipos de reuniones acaben clasificándose en una de las tres categorías siguientes:

La reunión diaria, en la que las personas trabajan juntas en el mismo proyecto con un objetivo común y toman decisiones informalmente por acuerdo general.

La *reunión semanal o mensual,* en la que los miembros trabajan en proyectos diferentes pero paralelos, y en la que existe hasta cierto punto un elemento competitivo y una probabilidad mayor de que el presidente tome las decisiones finales él mismo.

La *reunión irregular, ocasional o «para un proyecto especial»,* compuesta por personas cuyo trabajo normal ni les pone en contacto ni tiene apenas relación con el de los demás. Están unidos solamente por el proyecto, cuya promoción intenta asegurar la reunión y motivados por el deseo de que el proyecto tenga éxito. Aunque no es frecuente que se llegue a votar, cada uno de los miembros tiene derecho de veto.

De estos tres tipos de reuniones, la primera —la del tipo grupo de trabajo— es, probablemente, la más usual. Sorprendentemente, es también la que tiene más probabilidades de éxito. Los imperativos operacionales aseguran normalmente que sea breve y la experiencia de los participantes en el trabajo codo a codo hace que la comunicación sea buena.

Los otros dos tipos constituyen un problema diferente. En estas reuniones toda clase de contracorrientes humanas pueden sacar la discusión de su cauce, y errores psicológicos y técnicos, por parte del presidente, pueden hacer fracasar sus objetivos. Además, estas reuniones es probable que reúnan a personas importantes y que generen decisiones que afecten profundamente a la eficiencia, la prosperidad e incluso la supervivencia de la organización entera. Por lo tanto, las lecciones de este artículo se dirigen primordialmente hacia estas reuniones de alto nivel.

Antes de la reunión

La cuestión más importante que puede plantearse es: «¿Qué se pretende conseguir con esta reunión?» La pregunta puede hacerse de varias formas («¿Cuáles serían las consecuencias probables si no la celebramos?» «Cuando se termine, ¿cómo puedo juzgar si ha sido un éxito o un fracaso?»), pero, a no ser que se tenga una necesidad muy clara de celebrar la reunión, existe un grave peligro de que sea una pérdida de tiempo para todo el mundo.

DEFINIR OBJETIVOS

Ya hemos analizado las seis funciones principales que realizan todas las reuniones, pero si de lo que se trata es de conseguir objetivos definidos, téngase en cuenta que sólo algunos tipos de objetivos pueden conseguirse por medio de ellas. Cada punto del orden del día puede situarse en una de las cuatro categorías siguientes o dividirse en secciones comprendidas en una o más de ellas.

1. *Información y asimilación.* Obviamente, es una pérdida de tiempo celebrar una reunión para suministrar simplemente información sobre hechos que se darían a conocer mejor con un documento. Pero si la información debe ser oída de boca de una persona determinada, o si necesita aclaraciones y comentarios para que tenga sentido, o si se deducen consecuencias profundas para los miembros de la reunión, es perfectamente legítimo introducir un punto en el orden del día que no exija conclusión, decisión u opción por parte de los reunidos; es suficiente, en resumen, que la reunión reciba y comente un informe.

   La función de «información y asimilación» incluye los informes de avance: mantener al grupo informado del estado actual de proyectos de los que es responsable, o que afecten a sus deliberaciones, y revisar proyectos terminados, con objeto de llegar a un juicio colectivo y de ver lo que puede aprenderse de ellos para la próxima vez.

2. *Construcción y creación.* Este «¿qué debemos hacer?» incluye todos los puntos que exigen que se haga algo nuevo, tales como una nueva política, una nueva estrategia, un nuevo objetivo de ventas, un producto nuevo, un nuevo plan de márketing, un nuevo procedimiento, etc. Este tipo de debate exige que las personas aporten sus conocimientos, experiencias, juicios e ideas. Evidentemente, el plan será probablemente inadecuado, a no ser que todos los que estén significativamente implicados estén presentes y colaborando.

3. *Responsabilidades de ejecución.* Aquí se trata de la función «¿cómo debemos hacerlo?», que llega una vez que se ha decidido lo que los miembros deben hacer; en este punto, las responsabilidades de ejecución de los diferentes componentes del trabajo deben ser distribuidas alrededor de la mesa. Mientras que, en la segunda función, la importancia de los presentes estriba en sus conocimientos e ideas, aquí su contribución consiste en la responsabilidad de la puesta en práctica del plan. El hecho de que tanto ellos como sus subordinados estén afectados por él hace su contribución especialmente importante.

Por supuesto, es posible asignar estas responsabilidades de ejecución sin una reunión, por medio de entrevistas individuales separadas, pero algunas consideraciones hacen, con frecuencia, que sea deseable una reunión:

En primer lugar, permite a los miembros, como grupo, encontrar la mejor forma de lograr los objetivos.

En segundo lugar, permite a cada miembro comprender e influir sobre la forma en que su propio trabajo encaja con los trabajos de los otros y con la tarea colectiva.

En tercer lugar, si la reunión está discutiendo la puesta en práctica de una decisión tomada a un nivel más alto, asegurar el consentimiento del grupo puede ser de importancia capital. Si ello es así, el hecho de que el grupo tenga la oportunidad de formular por sí mismo el plan de acción detallado puede ser un factor decisivo en la consecución de su apoyo, porque, en ese caso, es como si la decisión final perteneciera al grupo. Todo el mundo estará comprometido con lo que decide el grupo y será responsable colectivamente de la forma final del proyecto, así como, individualmente, estará obligado a realizar su propia parte en él. Idealmente, este tipo de punto del orden del día, comienza con una política y termina con un plan de acción.

4. *Marco legislativo.* Por encima y alrededor de todas las consideraciones de «qué hacer» y «cómo hacerlo», existe un marco —una organización departamental o divisional— y un sistema de reglas, rutinas y procedimientos en el seno del cual, y por medio del cual, tiene lugar toda la actividad. Cambiar este marco e introducir una nueva organización o unos nuevos procedimientos puede ser muy perturbador para los miembros del comité y una amenaza para su status y su seguridad a largo plazo. Sin embargo, mantener las cosas como están puede impedir que la organización se adapte a los cambios del entorno. Sea cual sea el nivel al que se produce este cambio, debe tener el apoyo de todos los líderes de los grupos afectados por él.

Los líderes clave para esta función legislativa deben tomar o confirmar, colectivamente, la decisión; si existe desacuerdo sobre puntos importantes es muy peligroso cerrar el debate y tomar la decisión por decreto. Los líderes del grupo no pueden esperar decisiones rápidas, si están intentando cambiar el marco organizativo y las rutinas con las que la gente se ha ido desarrollando. Deben dejar estos puntos sobre la mesa para ulteriores consultas y debates. Tal como lo expresó Francis Bacon, y nunca se ha expresado mejor, «los consejos elaborados sin tiempo suficiente no serán ratificados por el tiempo».

PREPARATIVOS

Las cuatro funciones recién expuestas pueden realizarse, por supuesto, en una única reunión, a medida que el grupo avanza por el orden del día. Por consiguiente, puede ser un ejercicio útil para el presidente recorrer el orden del día, escribiendo junto a cada punto qué función se pretende que realice. Este ejercicio ayuda a aclarar lo que se espera del debate y ayuda a determinar qué personas deben asistir y qué preguntas deben hacérseles.

Asistentes. El valor y el éxito de una reunión de comité se ven seriamente amenazados si asisten demasiadas personas. El ideal se sitúa entre 4 y 7; 10 es todavía tolerable, y 12 es el límite máximo. Por consiguiente, el presidente debe hacer todo lo posible para mantener bajo el número, siempre que ello sea compatible con la necesidad de invitar a todos los que tengan alguna aportación importante que hacer.

El presidente puede tener que excluir a personas que esperan asistir o que han asistido siempre. Para esta tarea necesitará tacto; pero, dado que las personas generalmente mantienen la ficción de que están cargadas de trabajo y que no les gusta asistir a reuniones, no suele ser difícil conseguir su aquiescencia a quedarse fuera.

Si el presidente no ve la manera de mantener la reunión en unos límites manejables, puede intentar los siguientes medios: (a) analizar el orden del día para ver si todos deben estar presentes en cada uno de los puntos (puede que sea posible estructurar el orden del día de forma que algunas personas puedan marcharse hacia la mitad, para ser sustituidas por otras); (b) preguntarse si no se necesitan realmente dos reuniones separadas y menores, en lugar de una grande; y (c) considerar si no se puede pedir a uno o dos grupos que resuelvan algunos de los puntos por anticipado, de forma que sólo una persona tenga que asistir para defender las propuestas.

Recuérdese, también, que una pequeña charla con uno de los asistentes el día antes de la reunión puede aumentar el valor de ésta, conviniendo que esa persona suscitará un determinado tema (que no conviene que lo suscite la presidencia) o bien que no planteará una cuestión cuyo debate sería una pérdida de tiempo.

Papeles. El orden del día es, con mucho, el papel más importante. Si se confecciona adecuadamente, tiene la facultad de agilizar y aclarar la reunión, que muy pocas personas comprenden o utilizan. El fallo principal consiste en hacerlo innecesariamente breve y vago. Por ejemplo, la frase «presupuesto de desarrollo» no dice gran cosa a nadie, mientras que una explicación más larga, como «debatir la propuesta de reducción del presupuesto de desarrollo para 1976-77, en vista de que se ha pospuesto la introducción de nuestro nuevo producto», ayuda a todos los miembros del comité a formarse algunas opiniones o incluso a consultar por anticipado hechos y cifras.

El presidente no debiera tener miedo de confeccionar un orden del día largo, siempre que esa longitud sea el resultado de un análisis y definición más precisos de cada punto, y no de la inclusión de más puntos de los que la reunión puede considerar razonablemente en el tiempo asignado. Debiera intentar incluir, muy brevemente, alguna indicación de la razón por la que se va a discutir cada tema. Si un punto es de interés especial para el grupo, es una buena idea aislarlo, para que pueda ser objeto de una mención especial en una nota explicativa.

El presidente debiera tener en cuenta, también, la conveniencia de encabezar cada punto con indicaciones como «para información», «para discusión» o «para decisión», de forma que los asistentes sepan lo que se intenta. Y, finalmente, el presidente no debiera hacer circular el orden del día con demasiada anticipación, dado que los miembros menos organizados del grupo lo olvidarán o lo perderán. Con dos o tres días antes es suficiente a no ser que la documentación de apoyo sea voluminosa.

Otras consideraciones. La ordenación de los puntos del orden del día es importante. Algunas cosas son obvias: los puntos que necesitan decisión urgente deben ir delante de los que pueden esperar hasta la próxima vez. Del mismo modo, el grupo no debe discutir el presupuesto para el programa de reequipamiento, antes de discutir si se puede dejar ese reequipamiento hasta el año que viene. Pero otras cosas no son tan obvias. Por ejemplo:

- La primera parte de la reunión tiende a ser más animada y creadora que la parte final; por consiguiente, si un punto necesita energía mental, ideas brillantes y mentes claras, será mejor ponerlo al principio de la lista. Del mismo modo, si existe un punto de gran interés y preocupación para todo el mundo, puede que convenga retrasarlo un poco y conseguir que se haga primero un poco de trabajo útil. En ese momento, se puede introducir ese punto para superar el vacío de atención que se produce en las reuniones tras los primeros 15 o 20 minutos.

- Algunos puntos unen al grupo en un frente común, mientras que otros separan a los miembros unos de otros. El presidente puede desear comenzar con unidad antes de pasar a la división, o puede que prefiera exactamente lo contrario. Lo importante es ser consciente de la elección y hacerla deliberadamente, porque produce una atmósfera completamente diferente en la reunión. Casi siempre es bueno encontrar un punto unificador para terminar la reunión.

- Un fallo corriente es pasar demasiado tiempo con punto triviales, pero urgentes, excluyendo temas de importancia fundamental cuya significación se manifestará a largo plazo, no inmediatamente. Esto puede remediarse, poniendo en el orden del día el momento en que va a comenzar la discusión del tema importante a largo plazo, y manteniéndolo.

- Pocas reuniones de empresa llegan a ningún resultado importante una vez pasadas dos horas; hora y media es tiempo suficiente para la mayor parte de las cosas.

- Conviene poner en el orden del día tanto la hora de comienzo como la de terminación.

- Si las reuniones tienden a durar demasiado, el presidente debe comenzarlas una hora antes de la comida o una hora antes del final de la jornada laboral. Generalmente, los puntos que debieran tratarse con brevedad pueden plantearse 10 minutos antes de la hora fija en que hay que terminar.

- La práctica de hacer circular documentos explicativos de base juntamente con el orden del día es, en principio, recomendable. No sólo ahorra tiempo sino que también ayuda a formular preguntas y consideraciones útiles por anticipado. Pero la idea se desvirtúa si los documentos son demasiado largos; debieran ser breves o, si no, ser sustituidos por un resumen corto. Si se los hace circular el presidente debe leerlos, o, al menos, no debe permitir que le cojan en el renuncio de no haberlo leído. (Un presidente, más conocido por sus trucos que por su meticulosidad, se dice que empleaba 30 segundos antes de cada reunión en hojear todos los papeles que no había leído todavía, con un grueso marcador rojo en la mano, subrayando y poniendo signos de interrogación en los márgenes al azar, y asegurándose luego de que los asistentes a la reunión los veían mientras se discutía el tema.)

- Si se llevan documentos a la reunión para debatirlos, tienen que ser, evidentemente, breves y simples, dado que todo el mundo tiene que leerlos. Es una estupidez reunir a un grupo de personas para que lean, para ellos mismos, cinco páginas de texto apretado. La excepción pueden constituirla algunos tipos de documentos financieros y estadísticos, cuya función es apoyar e ilustrar puntos verbales como documentos de referencia, pero que no hay que tragárselos enteros: con frecuencia, es mejor presentarlos en el momento de la reunión.

- Todos los puntos debieran ser objeto de reflexión con anticipación, si se quiere discutirlos provechosamente. Poner «ruegos y preguntas» en el orden del día es una invitación a perder el tiempo. Esto no excluye absolutamente que el presidente anuncie un punto extra en el orden del día, si algo realmente urgente e imprevisto surge o se le sugiere por uno de los miembros, siempre que sea muy simple y directo. Ni tampoco impide que permita una discusión general, no estructurada, una vez que la reunión ha terminado.

- El presidente, al repasar los puntos del orden del día por anticipado, puede añadir breves anotaciones sobre puntos que desea estar seguro que no se omitirán en la discusión. Una pequeña nota marginal, como «¿Qué importancia tiene?» o «¿Acuerdo entre caballeros?» o cosas por el estilo, es todo lo que se necesita.

La tarea del presidente

Supongamos que acaban de nombrarle a usted presidente del comité. Les dice a todos que es una pesadez o una faena, o que se le ha nombrado «por sus pecados». Pero la cuestión es que se lo dice a los demás. No hay forma de librarse de ello: algún tipo de honor o gloria va unido al papel de presidente. Casi todo el mundo está satisfecho y orgulloso de que le hagan presidente de algo. Y esto es lo que constituye las tres cuartas partes del problema.

¿AMO O SERVIDOR?

El nombramiento como presidente de comité hace reaccionar a la gente de diferentes formas: algunos aprovechan la oportunidad para imponer sus deseos a un grupo al que piensan que tienen licencia para dominar. Su presidencia es una pura arenga, interrumpida con peticiones de que el grupo aplauda.

Otros se parecen más a los jefes de scouts, para los cuales la actividad colectiva del grupo es una satisfacción suficiente, sin que tengan por qué conseguir nada. Su presidencia es como el interminable atizar y avivar el fuego del campamento, donde no se está cociendo nada.

También existen presidentes inseguros o perezosos, que consideran la reunión como una posibilidad de conseguir seguridad y apoyo en su ineficacia e inactividad, de forma que puedan distribuir la responsabilidad de sus indecisiones entre todo el grupo. Aprovechan cualquier expresión de desacuerdo o duda para justificar su incapacidad de llegar a una decisión o emprender una acción.

Pero incluso la gran mayoría que no llega a estos extremos siente un cierto crecimiento placentero del ego, cuando ocupan su sitio en la presidencia de la mesa por primera vez. Este sentimiento no es pecaminoso: el pecado es complacerse en él, o suponer que el placer lo comparten los otros miembros del grupo.

El mayor obstáculo individual para el éxito de una reunión es la autocomplacencia de su presidente. Su primer deber, por consiguiente, es ser consciente de la tentación y de los peligros de abandonarse a ella. La señal más clara de peligro es ver que uno habla demasiado durante una discusión.

Uno de los mejores presidentes que he tenido, tiene la norma de restringir sus intervenciones a una sola frase o, como máximo, a dos. Se prohíbe a sí mismo pronunciar un párrafo entero en cualquier reunión que presida. Es una norma dura, pero creo que sería difícil encontrar un asistente regular a sus reuniones (o a las de cualquier otro) que piense que es una norma mala.

De hecho, sólo existe una fuente legítima de placer en la presidencia: el placer de lo conseguido en la reunión y, para ser legítimo, debe ser compartido por todos los presentes. Las reuniones son necesarias por todo tipo de razones humanas básicas y primitivas, pero solamente son *útiles* si todos los presentes consideran que están llegando a alguna parte, y debe ser alguna parte a la que ellos sepan que no habrían llegado individualmente.

Si el presidente se quiere asegurar de que la reunión consigue objetivos valiosos, hará bien considerándose el servidor del grupo, no su amo. Su papel se concreta entonces en ayudar al grupo orientándolo hacia la mejor conclusión o decisión, de la forma más eficiente posible: interpretar y aclarar; hacer avanzar el debate; y llevarlo a una resolución que todo el mundo comprenda y acepte como representativa de la voluntad del grupo, aunque individualmente no se esté de acuerdo con ella.

Su verdadera fuente de autoridad respecto a los miembros es la fuerza de su compromiso con su objetivo común, y su capacidad y eficiencia en la ayuda y dirección que puede prestarles para su consecución. La disciplina y el control, en estas condiciones, no son el acto de imposición de su voluntad sobre el grupo, sino la imposición de la voluntad del grupo sobre cualquier individuo que esté en peligro de desviar o retrasar el avance del debate y, con ello, de no conseguir el objetivo.

Una vez que los miembros constatan que el líder está impulsado por su compromiso con el objetivo común, el control de la reunión no le exige una gran fuerza de carácter. En realidad, un sentido de urgencia y un deseo claro de llegar a la mejor conclusión lo más rápidamente posible, son un instrumento disciplinario mucho más eficaz que un gran mazo. El presidente eficaz puede entonces mantener el debate centrado indicando que no hay tiempo para largos discursos, que el grupo debe terminar con este punto y pasar al siguiente, todo ello sin recurrir al ejercicio de su autoridad.

Existen muchas formas corteses por las que el presidente puede mostrar una ligera impaciencia incluso cuando algún otro está hablando: inclinándose hacia delante, fijando sus ojos en el orador, tensando sus músculos, arqueando las cejas, o haciendo breves signos afirmativos con la cabeza para mostrar que ha comprendido el argumento. Y al replicar o hacer comentarios, el presidente puede indicar por la velocidad, brevedad e intención de su entonación, que «debemos ir adelante». A la inversa, puede premiar el tipo de aportación deseado con las expresiones y entonaciones opuestas, mostrando que hay mucho tiempo para ese tipo de idea, y animando al que ha intervenido a que desarrolle el argumento.

Tras unas cuantas reuniones todos los presentes comprenden fácilmente este lenguaje mudo de la presidencia. Es el instrumento principal del presidente para instruir al grupo sobre el tipo general de «comportamiento en la reunión» que intenta conseguir. Sigue siendo el servidor del grupo, pero igual que sucede con un guía de montaña contratado, es el que conoce el destino, la ruta, las señales atmosféricas y el tiempo que llevará el viaje. De esta forma, si sugiere que los miembros caminen un poco más deprisa, éstos aceptan su recomendación.

Este papel de servidor y no de amo, resulta oscurecido con frecuencia en las organizaciones grandes, por el hecho de que el presidente es, a la vez, el superior jerárquico de los miembros; ello no cambia, sin embargo, la realidad del papel de presidente. Es más fácil ver lo que se quiere decir, en el caso de, digamos, un grupo de acción entre vecinos. La cuestión en ese caso, es simplemente, «¿la presidencia de qué persona nos da las mayores probabilidades de conseguir que construyan un parque infantil?».

Sin embargo, se plantea un problema especial con la definición de este papel del presidente, un problema que tiene una respuesta muy interesante. La pregunta es: ¿cómo puede combinar el presidente su papel como tal con el de miembro que defiende un argumento?

La respuesta la obtenemos en los interesantes estudios de unos investigadores que asistieron a cientos de reuniones para descubrir cómo funcionan éstas. La conclusión en la que todos están de acuerdo es ésta: las reuniones más eficaces tienen, de hecho, dos líderes: uno que ellos llaman el líder «del equipo», o «social», y otro el «de la tarea» o «del proyecto».

Sin tener en cuenta si el liderazgo es, de hecho, una función única o doble, para nuestros propósitos es suficiente decir que el mejor papel del presidente es el líder social. Si desea que se defienda firmemente un punto en concreto, debe asegurarse de que sea otro el que lleve la voz cantante mientras que él se mantiene en reserva hasta mucho más tarde. En realidad, puede cambiar o modificar su punto de vista mientras escucha el debate, pero, aunque no lo haga así, le resulta mucho más fácil mostrar su apoyo a los argumentos de otro en una fase avanzada del debate, una vez escuchados los razonamientos de los dos bandos. Entonces, puede resumir la cuestión en favor de la parte que prefiera.

El defensor «de la tarea» puede ser el segundo de a bordo del presidente, o una persona diferente puede defender cada uno de los puntos en el orden del día. En algunos temas, el presidente puede ser el defensor de la tarea personalmente, especialmente si no implica conflicto en el seno del grupo. El punto importante es que el presidente tiene que mantener su papel de «liderazgo social», aunque esto signifique sacrificar su «liderazgo de la tarea».

Sin embargo, si el defensor de la tarea designado persiste en defender una causa a lo largo de dos o tres reuniones, corre el riesgo de provocar un gran antagonismo respecto a él por parte de los otros miembros. Incluso así, este antagonismo perjudica menos al grupo si se dirige hacia el «líder de la tarea», que hacia el «líder social».

ESTRUCTURA DEL DEBATE

Pudiera parecer que no existen formas correctas o incorrectas de estructurar el debate en la reunión de un comité. Se plantea un tema, la gente dice lo que piensa y, finalmente, se llega a una decisión o se termina el debate. Existe alguna verdad en esto; por otra parte, sería un error intentar encajar todas las discusiones en un formato único e inmutable.

No obstante, existe un orden lógico y, aunque puede haber razones para no seguirlo, no hay justificación para no ser consciente de este hecho. En la práctica, son muy pocos los debates que resultan paralizados —y muchos los que resultan acelerados— por atenerse a las siguientes etapas, que siguen exactamente el mismo modelo que el de la visita al médico:

«¿Cuál parece ser el problema?» El hecho de que un punto esté en el orden del día de una reunión es, normalmente, igual que el síntoma que nos hace ir al médico: «hace días que tengo este dolor en la espalda» es parecido a «las ventas han mejorado en Alemania, pero han empeorado en Francia». En ambos casos, está claro que algo va mal y que debe hacerse algo para corregirlo. Pero, hasta la visita al médico, o hasta la reunión del comité de márketing de exportación, eso es prácticamente todo lo que sabemos.

«¿Cuánto tiempo hace que está pasando esto?» El médico comenzará a redactar la historia del caso recopilando todos los datos y antecedentes importantes, y esto mismo es lo que hará el debate en el comité. Una base sólida de hechos y datos sobre los que hay acuerdo, es el mejor cimiento para edificar cualquier decisión, y una serie de preguntas pertinentes ayudará a establecerlos. Por ejemplo: ¿cuándo comenzaron a bajar las ventas en Francia?, ¿han aumentado excepcionalmente las ventas en Alemania?, ¿ha habido

en Francia problemas de entrega, o un trabajo de ventas menor, o una publicidad más floja?, ¿hemos perdido participación en el mercado, o es que también las ventas de nuestros competidores han bajado? Si las respuestas a todas estas preguntas, y algunas más, no se establecen al principio, más tarde pueden desperdiciarse gran cantidad de tiempo y de energías.

«¿Le importaría tenderse en esta mesa?» El médico procederá, a continuación, a un examen físico, para averiguar cómo está ahora el paciente. El comité, también, deseará saber cómo están las cosas en ese momento. ¿Se ha tomado alguna medida? ¿Muestran los pedidos a largo plazo la misma tendencia? ¿Cuáles son las últimas cifras? ¿Cuál es la situación actual de las existencias? ¿Cuánto dinero queda en el presupuesto de publicidad?

«Parece ser que tiene un desplazamiento de disco.» Una vez determinados los hechos se puede proceder a realizar el diagnóstico. Quizá parezca que el médico diagnostica muy rápidamente, pero ello es el resultado de la experiencia y de la práctica. En realidad, elimina todas las explicaciones imposibles o demasiado amplias, hasta que se queda con una pequeña lista. Del mismo modo, el comité procederá a aventurar y luego eliminar una serie de diagnósticos, hasta llegar al más plausible: por ejemplo, la enérgica campaña de publicidad lanzada con tanto éxito en Alemania, y el nuevo envase sacado en Francia por el líder del mercado.

«Lleve esta receta a la farmacia.» Es probable que el médico tome nuevamente un atajo que la reunión del comité deberá evitar si quiere actuar sensatamente. El médico extiende una sola receta, y el comité, del mismo modo, puede acordar rápidamente un curso de acción único.

Pero, si el curso de acción no está claro, es mejor dar este paso en dos etapas: (a) elaborar una serie de opciones: no rechazar de entrada ninguna sugerencia, sino más bien seleccionar y combinar los elementos prometedores de todas ellas, hasta que haya sobre la mesa un número de sugerencias pensadas, coherentes y sensatas; (b) solamente cuando estén elaboradas estas opciones comenzar a elegir entre ellas. Entonces se puede debatir y decidir si elegir el curso de acción basado en una nueva presentación y en una promoción en el punto de venta, o el basado en una campaña publicitaria y una reducción de precios, o el basado en reservar el tiempo y el dinero para una promoción más fuerte de un nuevo producto el año siguiente.

Sɪ ᴇʟ ᴘʀᴏʙʟᴇᴍᴀ ᴇs ᴄᴏᴍᴘʟᴇᴊᴏ o especialmente importante, conviene que el presidente no guarde en su cabeza el orden que se propone seguir en el debate, sino que lo anuncie para que todo el mundo lo conozca. Una buena idea es escribir los puntos esenciales en un bloc de láminas multiplan con un rotulador. Así se evita la pérdida de tiempo y el desorden que se producen cuando las personas plantean temas antes de tiempo porque ignoraban el secreto del presidente de que vendría más tarde el momento oportuno para plantearlos.

Dirección de la reunión

Del mismo modo que el conductor de un coche tiene dos tareas, seguir su ruta y conducir su vehículo, la tarea del presidente puede dividirse en dos: tratar el tema y tratar con las personas.

TRATAR EL TEMA

La esencia de esta tarea es seguir la estructura del debate tal como se describía en la sección anterior. Esto, a su vez, supone escuchar atentamente y mantener la reunión orientada hacia el objetivo.

Al empezar a debatir el tema, el presidente debiera aclarar lo que la reunión debiera intentar conseguir al final de la misma. ¿Se espera que los miembros lleguen a una decisión clara o a una recomendación firme? ¿Se trata de una deliberación previa, para dar a los miembros algo que llevarse y sobre lo que reflexionar? ¿Se trata de encontrar una serie de líneas diferentes para trabajar sobre ellas una vez finalizada la reunión? ¿Deben aprobar la propuesta o simplemente tomar nota de ella?

El presidente puede también darles a elegir: «Si logramos ponernos de acuerdo en un curso de acción, perfecto. Si no lo logramos, tendremos que formar un grupo de trabajo para que informe y haga una recomendación antes de la reunión del mes próximo.»

El presidente debiera asegurarse de que todos los miembros comprendan el tema y por qué lo están debatiendo. Con frecuencia será obvio, porque de otra forma, lo hubieran visto antes. En caso contrario, él mismo, o alguien a quien haya informado antes de la reunión, debiera hacer una pequeña introducción indicando por qué el punto está en la agenda; los antecedentes; la situación actual; lo que tiene que quedar establecido, resuelto o propuesto; y las líneas de investigación, o los cursos de acción que han sido sugeridos o explorados, así como los argumentos en favor de ambas caras del problema.

Si ve que el debate va a ser largo o complejo, el presidente deberá proponer a la reunión una estructuración del mismo, escribiendo si fuera necesario los puntos esenciales en una lámina tal como se decía al final de la sección sobre «Estructura del debate». Deberá escuchar atentamente para evitar que se salte precipitadamente hacia adelante (por ejemplo, que se empiece a proponer medidas de acción antes de haberse alcanzado un acuerdo sobre la causa del problema), o que se retroceda sobre terreno ya pisado, o que se repitan puntos ya tocados antes. Tiene que cortar enseguida la discusión de puntos estériles o poco importantes (por ejemplo, lo correcto o erróneo de decisiones pasadas que ya no se pueden cambiar, o perspectivas futuras que son demasiado remotas para afectar a las acciones presentes).

Es responsabilidad del presidente evitar los malentendidos y la confusión. Si no entiende un argumento o no comprende una referencia, debe pedir aclaraciones al orador. Si piensa que dos personas están utilizando la misma palabra con significados diferentes, debe intervenir (por ejemplo, si un miembro habla de *promoción* queriendo decir solamente publicidad en el punto de venta, mientras que otro incluye también publicidad en medios de comunicación).

Tiene que buscar la claridad pidiendo a la gente que exponga hechos o experiencias, que quizá influyen sobre su punto de vista pero que no son conocidos para los demás de la reunión. Y debe estar atento a aquellos puntos en los que un resumen provisional pudiera ser útil: esto suele llevar solamente unos cuantos segundos, y actúa como un salvavidas para los que se están perdiendo en las profundidades.

Algunas veces, habrá que debatir un borrador en la reunión. Si hay errores en él, los miembros han de ponerse de acuerdo en cuáles son los errores, y el presidente debe delegar en alguien para que redacte un nuevo borrador más tarde. El grupo no deberá intentar nunca recomponer el documento en la misma reunión.

Quizá uno de los errores más usuales de la presidencia es el de no dar por terminado el debate lo suficientemente pronto. Algunas veces, los presidentes no comprenden que la reunión ha llegado efectivamente a un acuerdo, y dejan que el debate continúe unos cuantos minutos sin llegar a ningún sitio. Todavía con más frecuencia, no son lo suficientemente rápidos en terminar el debate *antes* de que se haya llegado a un acuerdo.

El debate debiera terminar una vez que ha quedado claro que: (a) se necesitan más datos para seguir avanzando, (b) el debate ha revelado la necesidad de conocer los puntos de vista de personas no presentes, (c) los miembros necesitan más tiempo para pensar sobre el tema y quizás discutirlo con sus colegas, (d) los acontecimientos están cambiando y es probable que alteren o aclaren la base de la decisión muy pronto, (e) no va a haber suficiente tiempo en esta reunión para tratar el tema adecuadamente, o (f) que dos o tres de los miembros pueden resolver la cuestión fuera de la reunión sin hacer perder el tiempo a los demás. El hecho de que la decisión sea difícil, vaya a ser discutida o no vaya a ser recibida bien por alguien, sin embargo, no es una razón para posponerla.

Al final del debate de cada punto del orden del día, el presidente deberá hacer un breve y claro resumen de lo que se ha acordado. Esto puede servir para transcribirlo en el acta, y su utilidad es no sólo registrar el punto, sino también ayudar a los miembros a comprender que se ha logrado algo valioso. También responde a la pregunta de «¿a dónde nos lleva todo esto?». Si el resumen implica acción por parte de uno de los miembros de la reunión, debe pedírsele que confirme su aceptación del encargo.

TRATAR CON LAS PERSONAS

Sólo hay una forma de asegurarse de que una reunión comienza a la hora, y consiste precisamente en comenzar a la hora. Los rezagados verán que la reunión ha empezado sin ellos y aprenderán pronto la lección. De lo contrario, los miembros puntuales se darán cuenta enseguida de que la reunión no comienza nunca hasta diez minutos después de la hora anunciada, y también aprenderán la lección.

La puntualidad en reuniones futuras puede reforzarse maravillosamente con la costumbre de mencionar en el acta a los que han llegado tarde (y a los que se han marchado pronto). Su propósito ostensible, y totalmente legítimo, es llamar la atención del rezagado sobre el hecho de que no estaba cuando se tomó una decisión. Su efecto lateral, sin embargo, es decir a todas las personas a las que se reparte el acta que aquél llegó tarde, y éste es un tipo de información que la gente normalmente no desea que se publique con demasiada frecuencia.

Existe un volumen creciente de trabajos sobre la significación de la posición de los asientos y sobre su efecto en el comportamiento y en las relaciones del grupo. No todas sus conclusiones se aceptan únicamente, pero lo que sí parece cierto es que:

- Hacer que los miembros se sienten frente a frente, alrededor de la mesa, facilita la oposición, el conflicto y el desacuerdo, aunque, por supuesto, no convierta en enemigos a los aliados; pero, ciertamente, el presidente debería pensar sobre a quién sienta enfrente de sí.
- El sentarse uno junto a otro hace más difícil los desacuerdos y las confrontaciones. Lo cual, a su vez, sugiere que el presidente puede explotar el valor de amistad de los asientos contiguos al suyo.
- Existe un «rincón muerto» a la derecha del presidente, especialmente si una serie de personas están sentadas en línea a partir de él (esto no es aplicable si está solo en la cabecera de la mesa).
- Como regla general, la proximidad al presidente es un signo de honor y de favor, más marcado aún

cuando está sentado en la cabecera de una mesa larga y estrecha. Cuanto mayor es la distancia, tanto menor es el rango.

Controlar a los charlatanes. En la mayor parte de las reuniones hay alguien que emplea demasiado tiempo para decir muy poca cosa. Como presidente, su sentido de la urgencia debe impulsarle a indicarle la necesidad de ser breve. Puede usted sugerirle, también, que si va a necesitar mucho tiempo sería mejor que escribiera un informe. Si es necesario y urgente pararle en pleno vuelo, un método útil consiste en tomar una de sus frases (cualquiera de ellas) en el momento en que la pronuncia, como excusa para cortarle y ofrecérsela a algún otro: «Pérdida inevitable: muy interesante. Jorge, ¿estás de acuerdo en que la pérdida es inevitable?».

Hacer hablar a los que callan. En toda reunión normalmente llevada, tal como se demuestra por aritmética elemental, la mayor parte de las personas están calladas la mayor parte del tiempo. El silencio puede indicar que se está de acuerdo, o que no hay una aportación importante que hacer, o que hace falta esperar y oír algo más antes de hablar, o que se ha comido demasiado bien: ninguna de estas cosas debe preocuparle. Pero existen dos tipos de silencio que hay que romper:

1. *El silencio de la timidez.* Alguien puede tener una aportación valiosa, pero estar suficientemente nervioso sobre el impacto que va a causar, como para guardársela para él. Es importante que, al hacerle hablar, se muestre usted complacido e interesado (aunque no necesariamente de acuerdo), para estimular posteriores intervenciones.

2. *El silencio de la hostilidad.* No se trata de hostilidad a las ideas, sino a usted como presidente, a la reunión, al proceso por el cual se están tomando las decisiones. Este tipo de desapego total es normalmente síntoma de algún sentimiento de agravio. Si escarba usted un poco, encontrará normalmente que hay algo que está deseando salir al exterior y que es preferible que salga a que se quede dentro.

Proteger a los débiles. Los miembros jóvenes de la reunión pueden provocar el desacuerdo de los menos jóvenes, lo cual es perfectamente razonable. Pero si el desacuerdo llega hasta el punto de que éstos digan que aquéllos no tienen derecho a hacer aportaciones, la reunión se debilita. Por lo tanto, quizá tendrá usted que comentar la utilidad de sus aportaciones como medida preventiva. Puede también reforzar esta acción tomando nota por escrito de la aportación hecha (lo que es siempre un punto a favor del miembro en cuestión) y refiriéndose a ella de nuevo en un momento posterior (un punto doble).

Estimular la lucha de ideas. Pero, al mismo tiempo, disuadir de la lucha personal. Una buena reunión no es una serie de diálogos entre los miembros individuales y el presidente. Es más bien un interflujo de discusiones y debates en el que interviene ocasionalmente el presidente para guiar, mediar, indagar, estimular y resumir, pero dejando la mayor parte del tiempo que los otros expongan sus ideas. Con todo, la reunión debe ser una lucha de *ideas,* no de personas.

Si dos personas comienzan a acalorarse, amplíe la discusión haciendo una pregunta a un miembro neutral de la reunión, preferiblemente una pregunta que requiera una respuesta puramente fáctica.

Eliminar la tendencia a aplastar las sugerencias. Los estudiosos de las reuniones han reducido todo lo que se puede decir a las siguientes categorías: preguntas, respuestas, reacciones positivas y reacciones negativas. Las preguntas solamente buscan —y las respuestas solamente proporcionan— tres tipos de cosas: informaciones, opiniones y sugerencias.

En casi todas las organizaciones modernas, son las sugerencias las que contienen la semilla de los éxitos futuros. Pocas sugerencias conducirán luego a algo positivo, pero casi todas ellas exigen que se les dé una oportunidad. La dificultad está en que las sugerencias son mucho más fáciles de ridiculizar que los hechos o las opiniones. Si las personas ven que el formular sugerencias provoca reacciones negativas (risas, críticas demoledoras), dejarán pronto de hacerlas. Y si en la reunión se producen disputas de status, es muy fácil utilizar la ocasión de que alguien haga una sugerencia para machacarle. Es muy fácil, pero también es la fórmula segura para inutilizar la reunión.

Lo que tiene que hacer usted es prestar una atención especial y dar una cálida acogida a las sugerencias que se hagan, e inhibir tan firmemente como pueda el «reflejo demoledor». Esto puede lograrse pidiendo al «revienta-ideas» que haga, sobre la marcha, una sugerencia mejor. Pocas sugerencias pueden resistir la piqueta en su estado primitivo: la reacción inmediata de usted debe ser la de extraer la parte buena de la idea y conseguir que los otros miembros del comité colaboren a transformarla en algo que pueda funcionar realmente.

Dirigirse a las personas de más peso al final. Obviamente, esto no puede ser una norma, pero, una vez que una persona de gran autoridad se ha pronunciado sobre un tema, es probable que los miembros menos importantes se inhiban. Si se recorre el orden de jerarquía hacia arriba, en lugar de hacia abajo, es posible conseguir un abanico más amplio de puntos de vista e ideas. Ahora bien, al empezar por los más jóvenes hay que pedirles solamente las aportaciones que caigan dentro del campo de su experiencia y competencia personal. («Pedro, tú estuviste en la feria de Frankfurt: ¿qué reacciones observaste allí?»)

Acabar con una nota positiva. Incluso en el caso de que el punto final se deje sin resolver, puede usted referirse a un punto anterior que haya quedado bien resuelto, en el momento de cerrar la reunión y dar las gracias al grupo.

Si la reunión no es regular, fije la fecha y el lugar de la próxima antes de la desbandada. Empleando al final unos minutos en revisar las agendas de compromisos, especialmente si la reunión es de cinco o más miembros, se puede ahorrar más tarde horas de llamadas telefónicas de las secretarias.

SEGUIMIENTO DE LA REUNIÓN

Puede que su secretaria se encargue de las actas (o, todavía mejor, uno de los miembros), pero son de responsabilidad de usted. Aunque sean muy breves, deben incluir lo siguiente:

- El día y la hora de la reuión, dónde se celebró y quién la presidió.
- Los nombres de todos los presentes y las ausencias excusadas.

- Todos los puntos del orden del día (y otros puntos) que se debatieron y todas las decisiones a las que se llegó. Si se acordó una acción, registre (y subraye) el nombre de la persona responsable de llevarla a cabo.
- La hora en que terminó la reunión (importante, porque puede ser significativo, más tarde, saber si la reunión duró 15 minutos o seis horas).
- El día, la hora y el lugar de la próxima reunión.

«How to run a meeting»
Publicado originalmente en marzo-abril de 1976

Reuniones creativas compartiendo el poder

GEORGE M. PRINCE

Resumen

LOS DIÁLOGOS ENTRE PERSONAS en los que hay una relación de superior a subordinado normalmente se caracterizan por un reconocimiento implícito de la autoridad del superior. Tanto si éste ejerce esa autoridad como si no, todos los presentes son conscientes de que el superior puede recompensar o castigar sus actuaciones. Por esto, en lugar de hablar libre y francamente, los subordinados se sienten condicionados a participar de una manera calculada para conseguir la aprobación del jefe. El autor examina la dinámica de las reuniones y nos expone las maneras en que el comportamiento de los participantes puede ahogar la iniciativa e impedir el libre intercambio de ideas. Recomienda un enfoque diferente, con el que los directores espolean la expresión de ideas constructivas mediante el compartimiento del poder y su actuación como colaboradores con sus subordinados.

Las reuniones son, evidentemente, una parte importante de la vida de un director. En encuentros cara a cara con uno o más de sus subordinados o colegas, se plantean problemas, se comparte información, se exponen asuntos, se desarrollan nuevas ideas y, frecuentemente, se toman decisiones.

Uno podría pensar que las reuniones son un componente estimulante y gratificante de la vida en la empresa. Pero esto sólo es cierto en contadísimas ocasiones. La mayoría de las reuniones están plagadas de planes ocultos, falta de franqueza y gasto inútil de talento. Esto produce un alto nivel de frustración y hastío para los participantes y un bajo nivel de logros, tanto para la empresa como para todas las personas presentes. (Véase «Naturaleza del proceso de una conferencia», en la página 82.)

Una razón de que en las reuniones se consiga tan poco con tanta frecuencia —y por «reunión» entiendo en concreto un acto en el que estén presentes dos o más personas y en el que haya una relación de superior a subordinado— es que quienes están presentes nunca se olvidan de que el sistema de recompensas y penalizaciones de la organización no deja de funcionar durante tal acto. Para decirlo más exactamente, el director (el superior) no se lo deja olvidar.

La mayoría de los directores actúan con un estilo que yo denomino enjuiciador. Se caracteriza por el énfasis en el poder del director y en su derecho a emitir un juicio sobre las acciones de sus subordinados.

El director puede abstenerse de meter las narices cuando sus subordinados preparan las propuestas que le van a presentar. Procedimientos útiles tales como la delegación de autoridad, la dirección por objetivos y la gestión participativa procuran acrecentar la autonomía de los subordinados, pero las decisiones significativas se suelen reservar a los directores de escalones superiores de la jerarquía empresarial. En realidad, el derecho de uno a tomar decisiones importantes es la medida más reveladora de categoría y poder.

Como resultado, hay un gran empeño en conseguir y retener el poder para decidir en asuntos importantes. Esta visión del poder como derecho a tomar decisiones respecto a las acciones, ideas y propuestas de los subordinados y a emitir comentarios sobre ellas con mayor o menor libertad pone al director en una situación enjuiciadora.

Pero como director enjuiciador, el superior se sitúa en una posición difícil: si se mantiene al margen a fin de ser justo con sus subordinados, se aparta de alguna manera de la actuación práctica. Por otro lado, si utiliza su experiencia y habilidades de la manera habitual para tomar parte en la discusión que lleve a la decisión que se vaya a tomar, pasa a ser un actor más. Entonces está compitiendo con sus subordinados en lugar de ejercer su papel superior de director y/o responsable de tomar decisiones. En cualquier caso, se le niega gran parte de la satisfacción de los logros compartidos.

En la práctica, el director frecuentemente transita por un tortuoso camino intermedio. Usa la persuasión y las recompensas y castigos informales para inducir a sus subordinados a proponer solamente aquello en lo que él pueda decidir favorablemente. Pero a ellos les repatea la manipulación a que los somete su jefe, si caen en la cuenta de ella. El resultado es una disensión y un recelo que hacen extremadamente difícil la cooperación entusiasta.

Desde mi punto de vista, hay una mejor manera de tratar con los subordinados a fin de lograr su cooperación y favorecer las metas de la organización. Pero la mejor manera no se puede imponer desde arriba; antes al contrario exige un esfuerzo de colaboración entre los superiores y los subordinados. Describiré un método para crear un clima que propicie las nuevas ideas y la innovación.

Respuestas condicionadas

El sistema informal de recompensas y castigos de una organización es menos visible pero no menos real que el formal de salarios, primas y ascensos. Se basa en la tácita dependencia del superior a que se somete el subordinado. Cada subordinado debe tratar de adivinar frecuentemente —acaso varias veces al día— qué acción será aceptable para su director. Para lograr la aceptación en vez de sufrir el rechazo, pronto se ve condicionado a prever cómo reaccionará su jefe ante una idea o propuesta.

En vista de ello, esto parece ser una buena manera de que un subordinado aprenda cómo actuar bien en su cometido. En realidad, esto tiene un efecto completamente diferente, porque ahoga la iniciativa y lleva a la inercia dentro de la organización. Este estado de cosas puede crear unas situaciones más bien absurdas, tales como la de este caso:

> *Preguntado el vicepresidente de márketing de una empresa por qué no mantenía contactos más frecuentes con sus jefes de ventas, a fin de que se pudiera beneficiar de la valía y experiencia tan notables de todos ellos, respondió: «El problema es que me escuchan demasiado condicionados. Por ejemplo, basta con que sólo esté especulando con la posibilidad de que una lata roja podría aumentar la visibilidad en las góndolas para que, sin más, las latas sean rojas.»*

Casi todos los directores afirmarán que no condicionan a sus subordinados. Pero deberían empezar por preguntarse a sí mismos si su jefe les deja olvidar la relación superior-subordinado y su poder explícito para emitir juicios sobre las ideas y recomendaciones que le presentan.

Permítanme aclarar que considero que los controles y la orientación son apropiados y necesarios. Lo que me preocupa es el condicionamiento destructivo que satura el entorno de nuestras organizaciones.

La organización jerárquica tiene un sentido tan evidente y ha sido tan productiva que es difícil reconocer la capacidad destructiva de esta fuerza manipuladora. Pero hable sinceramente a directores más jóvenes y observará que ellos —y cada vez más también los directores de mayor edad— expresan muy abiertamente su frustración a cuenta de los métodos de «Mickey Mouse» que emplean las empresas en nombre de la eficiencia y la prosperidad de la organización.

Rechazo y aprobación

Si usted pudiera ver y oír las cintas de vídeo y audio de las reuniones de empresa, advertiría la proliferación del estilo de dirección enjuiciadora en la vida empresarial. Al ver y oír cientos de estas cintas a lo largo de muchos años, siempre me han impresionado estas observaciones:

- Incluso un suave rechazo tiene un significativo efecto negativo sobre las personas.
- Resaltar los fallos en las ideas y acciones de otros ocupa una gran cantidad de tiempo.
- La aprobación tiene un efecto positivo en las personas y crea un clima propicio a la resolución del problema.

En esta sección analizaré estos fenómenos en lo que atañe a las reuniones de empresa.

EFECTOS DEL RECHAZO

Hay una creencia generalizada de que en la madurez uno aprende a tomar con ecuanimidad las fluctuaciones de la fortuna. Y en parte esto es verdad. A medida que uno madura se hace más filosófico y aprende a mantener dentro de sus justos límites los altibajos que se producen a diario.

Uno aprende también a ocultar a los demás sus verdaderos sentimientos. Aunque los sentimientos dolidos puede que no afloren en absoluto a la superficie, lo que sí ocurre con mucha frecuencia es que se transforman de manera inconsciente en un comportamiento que niega la cooperación e incluso se muestra agresivo con la persona que le ha molestado a uno. En una reunión, tal actuación se disimula normalmente como una contribución racional y potencialmente útil al diálogo. Se considera maduro ver tal comportamiento desde este punto de vista, por lo que es fácil olvidarse de lo sensibles al rechazo que pueden ser las personas maduras.

Estudiemos los efectos del rechazo desglosando la interacción que tiene lugar en una reunión. (Para ilustrar con mayor claridad los puntos que expondré sobre el rechazo y la aceptación, no incluiré aquí una relación de superior a subordinado, cosa que haré en un próximo apartado.) Supongamos que un grupo de cuatro personas está trabajando para mejorar uno de los productos de su empresa, la clásica butaca de director, que consta de un bastidor de madera y dos reposabrazos.

Sr. Primero: *Usemos nailon en lugar de lona.*

Esto es una *oferta*. Sus principales características son que contiene información y/o (a veces) una idea. Más importante para lo que nos importa, la persona que la hace experimenta una sensación de valía y satisfacción gracias a ella.

Sr. Segundo: *Pienso que eso es una buena idea, porque nos dará mejores características de envejecimiento.*

Esto es una *aceptación*. Entraña reconocimiento y aprobación para el oferente y da una razón de por qué la idea es digna de ser aprobada. El inductor de una aceptación suele sentir satisfacción derivada de esta acción. Además, la aceptación refuerza la sensación de valía y satisfacción del Sr. Primero, el cual ve también al Sr. Segundo como un aliado y un hombre de gusto y sensibilidad, una persona a quien hay que prestar atención.

Sr. Tercero: *¿Admitirá el nailon los tintes brillantes que usamos?*

Esto es una *consulta* y, a la vez, un elemento resbaladizo y camaleónico. El Sr. Primero, el oferente, la recibe como una consulta bienintencionada que sólo busca información. Para determinar si esto es una consulta bienintencionada ha valorado las palabras, el tono y las señales no verbales. Si considera que efectivamente lo es, mantendrá sus sentimientos positivos y dialogará cómoda y abiertamente con el Sr. Tercero. No obstante, si considera que la consulta es malintencionada, se opondrá a ella con *rechazo* y reaccionará defensivamente o acaso agresivamente. Los participantes en un diálogo suelen usar las preguntas para hacer que el oferente tenga que defender su propuesta o reconocer la insensatez de ella.

Sr. Cuarto: *Eso es una buena idea, Primero, pero el nailon cederá mucho más que la lona y el usuario se dará contra los soportes.*

Esto es otra clase de rechazo. Lo que inicialmente parece una aceptación acaba por revelarse como una forma de dorar la píldora. La principal característica de un rechazo es su negatividad. Independientemente de la corrección con que se exprese y de la necesidad y la precisión objetiva de esta información negativa, el oferente la percibe como una afrenta, una injuria a su sentido de valía y satisfacción.

Los sentimientos del rechazador están confusos. Aunque la información que aporte en apoyo de su rechazo sea válida y necesaria, la satisfacción de aportarla dista mucho de ser plena al saber que ha utilizado su conocimiento para hacer de menos a alguien.

Castigo y reacción violenta. Casi todo lo que sucede en la conversación se puede describir aplicando estos términos. Hay miles de formas de rechazar. Mediante el uso del tono adecuado (o inadecuado) una aceptación o una consulta se pueden transformar en un rechazo de plano. Por ejemplo, una pregunta como «¿Está usted sugiriendo en serio que hagamos eso?» es, a todas luces, un rechazo. Lo mismo se puede conseguir mediante una contrapropuesta, un silencio prolongado, un cambio de asunto y otras muchas acciones, muchas de las cuales no son verbales.

En una reunión de varias personas, lo normal es que la mitad de las transacciones se refieran a rechazos. En el barullo de la discusión habitual, muchos de los rechazos pasan inadvertidos. En caso de que preguntara a un participante si percibió como un rechazo determinada acción negativa contra él, casi siempre contestará que no. Todos nosotros estamos fuertemente condicionados a aparentar que aceptamos el rechazo, dado que eso se considera un comportamiento maduro.

Frecuentemente un participante ni siquiera es consciente de lo dolido e irritado que le ha dejado un rechazo. Pero si se le observa cuidadosamente, sus reacciones no verbales pueden decirnos algo muy diferente. Las señales son débiles: una expresión antes animada se transforma en una cara de póquer, los brazos se cruzan o la cabeza se echa ligeramente hacia atrás.

Mejores evidencias pueden producirse más tarde, si el oferente rechazado trata de justificar su oferta o de pagar a su adversario con su misma moneda, en lugar de responder a lo sustancial del rechazo. Continuemos con el diálogo.

Sr. Cuarto: *¡Tengo una idea! Podríamos doblar esta parte del tejido y...*

Sr. Primero: *Eso aumentaría demasiado nuestros costes.*

El Sr. Primero rechaza la idea del Sr. Cuarto antes incluso de saber todo lo que el Sr. Cuarto tiene en mente.

El aspecto más importante de un rechazo es la transformación que se produce en cualquier transacción o intercambio de opiniones, que pasa de potencialmente gratificante a sancionadora. Si un director no conoce la dinámica de sus transacciones se acostumbrará a poner de relieve los fallos o a presentar contrapropuestas a todas horas. Tanto lo uno como lo otro se percibirán normalmente como formas más o menos veladas de rechazo. Así pues, el director está sancionando inadvertidamente a los subordinados y condicionándolos para que presenten ideas y emprendan acciones muy cautelosamente, si es que llegan a hacerlo.

PONER DE RELIEVE LOS FALLOS

En reuniones convocadas para acometer problemas concretos, esta secuencia se puede observar repetidamente: un miembro sugiere una idea que contiene algunos elementos que ayudarán a resolver el problema. Sin embargo, no es una solución plenamente aceptable. El director y los otros participantes se centran en los fallos de la idea y los ponen de relieve firmemente. El grupo la descarta para buscar una idea nueva y mejor.

Esta serie de reacciones se considera racional y útil porque las ideas se juzgan como buenas y dignas de seguir desarrollándolas, o inútiles y descartables de inmediato. No se gasta tiempo en ideas que no pueden salir airosas de esta prueba inicial.

El fallo de este razonamiento se ha hecho evidente en un experimento que he llevado a cabo cientos de veces con diferentes grupos. De, digamos, diez grupos que trabajen para resolver el mismo problema difícil, nueve no consiguen desarrollar un concepto para resolverlo. El décimo toma en consideración una idea descartada por los otros nueve y se siente intrigado por ella, aunque no llegue a cumplir algunas de las especificaciones del problema. El grupo lucha contra estas deficiencias y, de alguna manera, haciendo modificaciones sobre la marcha, transforma la idea inútil en una buena idea que cumple las especificaciones.

Al analizar los resultados de este experimento reiterado, he detectado siete ideas que normalmente se separan y se descartan porque no consiguen pasar las pruebas iniciales. No obstante, cada una de estas ideas inaceptables se puede transformar en una solución aceptable y así lo ha hecho el grupo diferente (uno de cada diez, aproximadamente) que se interesa en ella y lucha con espíritu de cooperación para superar sus debilidades.

Mientras repaso las grabaciones en vídeo de estos experimentos he observado la gran frecuencia con que los miembros de un equipo optan por centrarse en los fallos de una idea en vez de hacerlo en la manera de salvar los fallos. La evidencia de un incidente, o de varios, podría hacer que uno llegase a esta conclusión: «Detectar un fallo es el primer paso para salvarlo». Naturalmente, esto puede ser cierto. Pero, cuando en miles de incidentes no se da a continuación el segundo paso, uno se pregunta qué intención puede haber tras el hecho de señalar un fallo.

Uno puede identificar luego otra evidencia indicativa de que este comportamiento cumple alguna otra finalidad: el tono de voz puede ser poco amistoso e ir acompañado de gestos o expresiones que reflejan desdén, impaciencia o satisfacción por poner en evidencia al proponente de tal idea deficiente. En muy raras ocasiones la identificación de un fallo entraña una preocupación por ayudar.

¿Qué otra finalidad persigue? Creo que tal conducta es un intento de ejercer poder sobre otra persona. Implícita está la noción de que los compañeros de trabajo de uno son adversarios en una competencia interminable, y que uno gana (o al menos reduce sus pérdidas) haciendo que la idea de otro parezca inútil. El director no está exento de estos sentimientos. Sin embargo, cuando trabaja con subordinados arriesga mucho menos; siempre puede ganar.

CLIMA DE APROBACIÓN

El principio de la mejora en las condiciones se produce cuando el director reconoce que, al menos en bien de la productividad, debe evitar las transacciones entre personas que provoquen reacciones defensivas o vengativas. En vez de eso, debe establecer un clima en el que sea apropiado airear pensamientos e ideas imperfectos. En este clima el grupo explora y usa todas las ideas. Sí abordan los fallos, pero como inconvenientes que se han de superar por todo el mundo.

De acuerdo con mi experiencia, cuando este clima reina entre colegas, los rechazos, las consultas hostiles y el comportamiento de denuncia de fallos quedan prácticamente eliminados. La producción de ideas crece espectacularmente. Cada idea se recibe y se explora en alguna medida. Según los participantes, éstos suelen salir de estas reuniones con una sensación de júbilo, satisfechos de haber hecho contribuciones valiosas, y en ocasiones profesionalmente enriquecidos.

Los resultados concretos de este estilo de reunión son más difíciles de evaluar. Los participantes califican uniformemente este tipo de reuniones como más productivas y útiles que una reunión tradicional. Pero uno no puede cuantificar las soluciones de problemas por reunión; los resultados más importantes surgen gradualmente del efecto aclarador de una cooperación disciplinada. Estos resultados toman la forma de logros individuales y de grupo más frecuentes, y de mayor satisfacción y motivación.

El director juicioso

Desde el momento en que son tantos los inconvenientes de una dirección enjuiciadora, ¿por qué usa alguien este estilo? Indiqué anteriormente que en nuestra cultura hay pocas opciones evidentes. Dado el acusado énfasis sobre la productividad y los beneficios, parece que un director eficaz debe usar su poder para gestionar asuntos importantes.

Otro factor limitador en la elección de estilos es una falta de modelos. Entre los profesores, directores, colegas y subordinados de uno, es difícil encontrar alguien que no sea enjuiciador.

Al mismo tiempo, el hecho de que este estilo suela ser penalizador para los subordinados puede llegar a reforzar su uso. Como dice Walter Nord, «La penalización es la técnica más ampliamente usada en nuestra sociedad para control del comportamiento»[1]. Seguidamente indica que como la penalización corta de inmediato la respuesta no deseada, el sancionador es recompensado o reforzado por penalizar. Si la negatividad y la denuncia de fallos se ven como penalizaciones, uno puede comprender la inclinación del director hacia una postura enjuiciadora.

Denomino director juicioso a la clase de director que, por contraste, se basa en la afirmación y colaboración para conseguir resultados. Hace diferentes suposiciones sobre el poder, los papeles, la toma de decisiones y la eficacia. Las suposiciones contrastadas se resumen en la tabla «Cómo contrastar las suposiciones de un director enjuiciador y un director juicioso». (Estas propuestas deben mucho a Abraham Maslow, Douglas McGregor, Gordon Lippitt y otros gigantes de la psicología humanista.)

Evidentemente, no estoy discutiendo simplemente los estilos de dirección, sino las actitudes hacia otros y las maneras en que interactúan las personas. Éstas suelen ser bastante uniformes en sus maneras de actuar; las estrategias que uno emplea en una reunión suelen ser las mismas que uno usa en otras situaciones. Por ejemplo, un director que usa el humor para tratar de suavizar sus críticas de las ideas y el comportamiento manifestados en una reunión, probablemente hará lo mismo en cualquier situación en la que ejerza poder sobre otros. Un director que usa preguntas en las reuniones para enmascarar sus rechazos hace lo mismo en otros contextos.

Cómo contrastar las suposiciones de un director enjuiciador y un director juicioso

Director enjuiciador

El modo más eficiente es tener un jefe que lo mande todo.

Debo proteger mi poder de toma de decisiones.

Decido todas las líneas de actuación en las que estoy autorizado a decidir.

Debo ejercer toda la autonomía que permita mi poder.

Uso mi poder para mi propio crecimiento.

Motivo al personal.

Reviso, superviso y controlo los esfuerzos de mis subordinados.

Asumo los méritos de los resultados de los grupos que dirijo.

Para conseguir resultados debo detectar fallos y hacer que se corrijan.

Cuando los subordinados se expresan o actúan de maneras inaceptables para mí, destaco los fallos.

Como personas maduras somos capaces de «asimilar» las humillaciones y las críticas sin consecuencias destructivas.

Mi papel es definir la misión de mi grupo.

Mi papel es emitir juicios acerca de las acciones de mis subordinados mientras llevan a cabo nuestra misión.

Director juicioso

El modo más eficiente es hacer uso, cooperativamente, de los diversos talentos disponibles.

La mejor decisión emergerá si combino mi poder con el de los ejecutantes.

Recurro a mis subordinados para definir líneas de actuación, y aporto mis ideas a medida que progresan los asuntos.

Debo usar mi poder para ayudar a cada subordinado a desarrollar su autonomía.

Comparto mi poder, de tal manera que mis subordinados puedan desarrollarse a medida que yo me desarrollo.

Los logros motivan a los empleados. Yo puedo ofrecer oportunidades para esos logros.

Uso mi experiencia, poder y aptitudes para ayudar a mis subordinados a realizar la tarea.

Reconozco explícitamente los logros de los subordinados.

Para conseguir resultados debemos ayudarnos unos a otros en la superación de los fallos.

Cuando los subordinados se expresan o actúan de maneras inaceptables, asumo que tuvieron razones que tendrían sentido para ellos y analizo la actuación desde ese punto de vista.

Incluso a las personas maduras les duelen en cierta medida las humillaciones y las críticas, y esto dificulta la cooperación.

Mi papel en la definición de la misión es facilitar el descubrimiento por mis subordinados y yo mismo.

Mi papel es unirme a mis subordinados para asegurarme de que tengan éxito.

Cambiar de un sistema de penalizaciones y recompensas informales es difícil debido a la confusión de nuestro actual sistema de enjuiciamiento. Por ejemplo, la autonomía y la cooperación pueden parecer antitéticas. En realidad, no lo son. La persona autónoma tiene menos necesidad de ser defensiva y competitiva y tiene, por lo tanto, mayor libertad para usar su poder para apreciar, soportar y actuar de acuerdo con las acciones o ideas de otro.

Las situaciones y las personas están en continuo cambio. Cada uno de nosotros tiene días malos, comete errores y a veces le cuesta más afrontar las dificultades. La confusión y la incomprensión son una parte cotidiana de esta realidad. Ésta es la razón de que el director tenga que llevar a cabo una aclaración continua de los papeles y las expectativas.

Reconocer el valor de otros

Las reuniones ofrecen una manera ideal de llevar a cabo esta misión. La mejor manera de usar la reunión para definir de nuevo los papeles y las expectativas es grabarla (en vídeo es mucho mejor, aunque también valdría una grabación en audio). Es demasiado difícil reconstruir la rápida acción de una reunión sin tener una cinta de ella. Más tarde, los participantes pueden analizar la cinta. Así, cada miembro del grupo puede analizar, por turno, aquellas partes en las que hizo ofertas.

A modo de ilustración, analizaré un sencillo episodio en el que un director y dos subordinados de una empresa de alimentos preparados están debatiendo la manera en que podrían reducir los costes de expedición.

Sr. A: *Como ya saben, si descentralizamos nuestra fabricación podemos reducir los costes de expedición.*

Sr. B: *Un enfoque más práctico podría ser suscitar una mayor competencia entre nuestros transportistas.*

Director: *Recordad que tuvimos una disputa con AA Trucking hace unos ocho meses y que recibimos algunas ofertas de otros transportistas. Merecería la pena volver a examinar esa posibilidad.*

En esta conversación se pueden identificar los pros y contras siguientes:

Pro - Se presentaron inmediatamente dos ofertas diferentes.

Pro - Todo el mundo se centró en un aspecto del mismo problema.

Pro - El director aceptó una.

Contra - La oferta del Sr. A queda rechazada cuando los otros se desentienden de ella.

Contra - El Sr. B da a entender que el Sr. A no es práctico.

Contra - El director pone a los subordinados en una posición competitiva de ganar o perder.

El siguiente paso consiste en que el grupo tome cada contra, lo replantee como un problema y encuentre una solución.

Ocupémonos del problema de cómo evitar el rechazo de la oferta del Sr. A. El director desea fomentar la generación de ideas, pero su actuación tiene el efecto contrario sobre el Sr. A. Aunque el director sabe que debe reconocer cualquier oferta y asumir que la idea contenida en ella tiene algún valor, la verdad es que desechó tal posibilidad.

¿Por qué? A partir de la poca evidencia que tenemos aquí, parece que el director oyó dos ofertas casi a la vez, cosa que frecuentemente ocurre en las reuniones. Es evidente que seleccionó la que le parecía más realista en vista de la experiencia de la empresa. Pero lo que a él le pareció una actuación perfectamente razonable, fue para el Sr. A un rechazo arbitrario de su idea, sin aclaración alguna de los fundamentos del director.

Así pues, advertimos una discrepancia entre la percepción del episodio por parte del director y del Sr. A. Tales discrepancias llevan a malentendidos y confusión. La víctima gasta energía en especular sobre su significado o, lo que todavía es peor, siente resentimiento y, acaso de manera inconsciente, decide «ajustar cuentas».

Un procedimiento útil para evitar rechazos se basa en la suposición de que una idea tuvo algún sentido para la persona que la expuso, independientemente de los fallos que puedan venirle a la mente inmediatamente a quien la escucha. Así pues, corresponde al oyente especular primero sobre los aspectos útiles de la idea.

Sólo después de aplicar su talento e imaginación a los elementos constructivos puede airear sus preocupaciones el oyente, o hablar de los fallos que encuentra. Aun entonces, si puede expresar sus preocupaciones y los problemas que detectó como subproblemas de los que habrán de ocuparse, mantendrá la energía del grupo centrada en la creación de una solución.

Veamos cómo podría continuar la reunión sobre los costes de expedición si todos conocieran y usaran esta técnica.

Sr. A: *Como ya saben, si descentralizamos nuestra fabricación podemos reducir los costes de expedición.*

Director: *La descentralización nos vendría bien en algunos aspectos. Generaría ahorros en expediciones y nos dotaría* *de unidades de fabricación menores y más ágiles. Otra cosa que me gusta de la idea es que desglosaría esta enorme empresa centralizada y repartiría las responsabilidades entre varios elementos de la organización.* (Habiendo reconocido el valor de la idea del Sr. A y tras haber expuesto también algunos de sus valores, el director pasa a sus propias preocupaciones.) *A este respecto tengo algunos problemas que considerar: cómo descentralizar sin incurrir en gastos de capital, para empezar. Otro es cómo retener tanto las economías de escala como las ventajas de las factorías pequeñas.*

Sr. B: *Tengo una idea respecto a la contención de los gastos de capital. Podríamos tomar una cadena de preparación e instalarla en alguna factoría de la zona en que quisiéramos operar. Podríamos contratar con ella su utilización para nosotros sobre la base de una exclusiva.*

Director: *Sí, eso evitaría el problema del capital —podríamos arrendar el equipo a un proveedor— y nos liberaría de los problemas de producción. También enfatiza nuestros puntos fuertes de márketing, donde somos superiores. Pero tengo un par de dudas sobre esto. ¿Cómo convencemos al presidente —ya sabéis lo que le gusta todo lo relacionado con la producción— y cómo mantenemos el control de la calidad?*

Sr. A: *Esto me hace pensar que podríamos mantener aquí la producción y el control como siempre, pero condensar nuestros potajes y sopas e instalar cadenas de descondensación o reenvasado en instalaciones descentralizadas.*

Director: *Pues claro, podríamos enviar el producto condensado en camiones cisterna y limitarnos a descentralizar el envasado. Me gusta esta línea de actuación. Tal vez ni siquiera tendríamos que condensar los productos si hacemos los* *envíos a granel. Ahora bien, tendríamos que analizar un par de cosas: la idea de condensar y descondensar y el envío a granel con envasado descentralizado. ¿Tiene alguien algún otro enfoque?*

Otra manera de reconocer valor en los subordinados y de aclarar las expectativas es delegar la toma de decisión en quien vaya a poner directamente en práctica la tarea de que se trate. La finalidad de la reunión (o una parte de ella) es brindarle alternativas. El director debe tener cuidado de mantener su papel participativo, pero evitando en todo momento el dominio absoluto del proceso de toma de decisión. Si tuviera dudas respecto a una alternativa que se estuviera analizando, deberá exponer en primer lugar lo que sea útil de la idea en ciernes, para luego pasar a los problemas que vea.

Finalmente, el subordinado selecciona entre las alternativas. Puede seleccionar una alternativa que el director considere aceptable, pero no la mejor de las disponibles. En ocasiones como ésta, el director demuestra lo que vale. Aceptar la decisión del subordinado no es fácil, ya que el superior sabe que la responsabilidad definitiva es suya. Su jefe puede pedirle que se responsabilice del resultado de una decisión que sea la «segunda mejor». Sin embargo, un director juicioso sabe que éste es el riesgo que ha de asumir repetidamente si sus subordinados han de mejorar en compromiso y autonomía.

De estas maneras, el director puede introducir un cambio profundo en la imagen que ofrece a los demás. Se está basando en su experiencia y conocimientos, no para juzgar e imponer las alternativas de aceptación o rechazo, sino para alentar, enseñar, guiar y acrecentar y aprovechar las facultades de sus subordinados. Se interesa mucho en la acción e interviene en ella. Las reuniones pueden convertirse en ocasiones de recibir muchas recompensas por lo que se ofrezca, y pocas penalizaciones.

Nota de conclusión

Ocuparse de los problemas es la tarea diaria de un director. Al pasar del modo enjuiciador al modo juicioso, el director se libera para aportar toda su pericia, experiencia y conocimientos sin relegar a los subordinados a la posición de lacayos. Al hacerlo así, no renuncia a sus responsabilidades de guía y control.

En resumen, el director juicioso disfruta de su trabajo más, al tiempo que hace una contribución mucho mayor y ayuda a sus subordinados a hacer lo mismo.

Naturaleza del proceso de una conferencia

PARA UN JOVEN EN VÍAS DE ASCENSO no hay mejor vehículo que las conferencias. Cuando cincuenta años antes podría haber tenido que trabajar apartado de la vista de todos menos de su superior inmediato, ahora por medio de las conferencias se puede poner a la vista de toda clase de superiores a lo largo de la línea de mando. Dadas unas habilidades mínimas de participación en comités, gracias a una hábil pregunta aquí y a una discreta sugerencia allí, puede llamar la atención hacia él y aun así jugar limpio.

Pero a medida que triunfa en la lucha entra en contacto cada vez más frecuente con la frustrante naturaleza del proceso. Él es muy bueno, que nadie pase esto por alto, en el trabajo en equipo; de no haberlo sido no estaría donde está. Pero cada vez más empieza a ver el otro lado de la moneda de la «gestión múltiple». Todavía presenta la fachada comprensiva —escucha como si realmente le agradara y sugiere más que ordena— y se medio convence de que sólo está haciendo sugerencias.

Pero por debajo de la piel, ese ego se está endureciendo como una piedra.

El ejecutivo es muy gregario cuando ve alguna utilidad práctica en el gregarismo. Pero si no ve esa utilidad, el buen compañerismo le repatea. Una de las notas más recurrentes en las quejas de los ejecutivos a propósito de sus cargas de trabajo es la inutilidad de tantos contactos sociales como tienen que mantener, sea alternando después de las horas de trabajo o practicando relaciones humanas durante ellas. Un ejecutivo más bien estudioso que a la sazón aspiraba a una vicepresidencia, lo expuso de esta manera: «Cuando se llega a donde yo estoy se ve claramente la diferencia entre los aspectos "contributivos" y "no contributivos" del cargo. Tienes que soportar una tremenda cantidad de trabajo no contributivo —este hablar y volver a hablar, y las reuniones y todo lo demás. El vacío y la frustración de eso pueden ser abrumadores. Pero tienes que apechugar con ello, que nadie se equivoque al respecto, y sólo esperas poder mantenerte al tanto de las fases contributivas que te ponen en el camino de la gloria.»[2]

Notas

1 «Beyond the teaching machine: the neglected area of operant conditioning in the theory and practice of management», *Organizational Behavior and Human Performance*, vol. 4, 1969, pág. 383.

2 William H. Whyte, Jr., *The organization man*, Nueva York, Simon & Schuster, Inc., 1956, págs. 152-153. Reservados todos los derechos © 1956 por William H. Whyte, Jr. Reimpreso con autorización de William H. Whyte, Jr.

«Creative meetings through power sharing»
Publicado originalmente en julio-agosto de 1972

Nadie se fía plenamente del jefe: ¿qué hacer entonces?

FERNANDO BARTOLOMÉ

Resumen

PERCATARSE PRONTO DE LOS PROBLEMAS es una gran ventaja para cualquier directivo, y el mejor modo de averiguar
cuáles son los dolores de cabeza que se están preparando es conseguir que nuestros subordinados nos los cuen-
ten. Pero ¿cómo conseguir que sean sinceros?, ¿cómo se
consigue que hablen libremente acerca de sus propias
equivocaciones... y, más difícil todavía, acerca de las
nuestras?

La sinceridad depende de la confianza. Ambas tienen unos estrictos límites naturales. Las personas mantienen sus bocas cerradas con el fin de protegerse a sí mismas o a sus subordinados, o porque temen parecer tími-
das o ineficientes, y por tanto tratan de resolver sus propios problemas sin ayuda. La política de la empresa puede también obstaculizar la franqueza. Lo peor de todo es
que la confianza evite la autoridad y eluda la capacidad
de juicio. Dado que los empleados siempre ven al jefe
como juez, los directivos tienen que ser conscientes del
modo en que pueden aumentar la confianza... o destruir-
la. Hay seis áreas críticas.

1. La *comunicación* debe ser siempre una calle de dos direcciones.
2. El *apoyo* significa ser accesible, prestar ayuda e interesarse, especialmente cuando las cosas van mal.
3. El *respeto* consiste en delegar autoridad y en escuchar lo que los subordinados dicen.
4. La *imparcialidad* significa conceder el mérito a quien lo tenga y atribuir la culpa a quien le corresponda.
5. La posibilidad de *predecir* consiste en ser serio y cumplir las promesas.
6. La *competencia* significa conocer el propio trabajo y hacerlo bien.

Pero, dados los límites de la confianza, los buenos directivos están al acecho de otros signos indicadores de perturbaciones. Disminución de la corriente de información, empeoramiento de la moral, resultados decrecientes. Una vez que han sido reconocidos estos signos, los directivos necesitan técnicas para ampliar las insinuaciones y reunir información complementaria. La clave es una red de comunicaciones basada en la correcta utilización, difusión y creación de información.

LOS DIRECTIVOS QUE PUEDEN resolver los problemas graves antes de que se planteen en la empresa se anticipan a los acontecimientos. En sus empresas evitan gasto innecesarios o incluso un desastre total y consiguen los ascensos que merecen por dirigir sus departamentos sin dificultades y atajando a tiempo los problemas.

En la práctica, por supuesto, nunca es así de fácil. Todo el mundo sabe que un truco para hacer frente a los problemas es conocer su existencia con antelación suficiente. Pero ¿cuál es el truco para aprender a hacerlo así?, ¿cómo averiguan los directivos eficientes que se está preparando una tormenta?, ¿cuáles son sus sistemas de alarma?

Todos los buenos directivos tienen sus propias redes privadas de información y muchos adquieren una especie de sexto sentido para reconocer los primeros indicios de la existencia de un problema. Pero, con mucho, el modo más sencillo y corriente de averiguar la existencia de problemas es que alguien, por lo general un subordinado, se los comunique a uno.

Es fácil obtener información cuando las cosas van bien. A las personas les gusta dar buenas noticias a los jefes. Pero los subordinados nunca tienen prisa por decir a sus supervisores que el último plan no funciona; o por asumir la responsabilidad de un problema, dándole un nombre; o por parecer un delator.

Los subordinados nunca arden en deseos de dar al jefe malas noticias.

La renuencia de un subordinado a hablar con franqueza de los problemas está también relacionada con los riesgos. Aunque es bastante fácil decirle al jefe que las máquinas enviadas por el departamento de compras no funcionan bien, es mucho más difícil admitir la responsabilidad de un mal funcionamiento, y peor todavía —y quizá más peligroso— echar la culpa al jefe. Sin embargo, es verdaderamente importante conseguir que los subordinados transmitan mensajes desagradables. Cuanto más pronto se revele, diagnostique y corrija un problema, mejor para la empresa.

Casi todas las organizaciones funcionarían más eficazmente con empleados completamente francos y directos, pero esperar una franqueza absoluta es mucho esperar (y probablemente demasiado soportar). La franqueza depende de la confianza, y en las organizaciones jerárquicas la confianza tiene unos estrictos límites naturales.

Los límites de la confianza y la franqueza

En una jerarquía, es natural que la gente con menos poder sea extremadamente cauta en cuanto a la revelación de deficiencias, errores y fallos, especialmente cuando la parte más poderosa está también en situación de evaluar y castigar. La confianza huye de la autoridad y, sobre todo, de un juez. Los directivos se encuentran ante la inevitable obligación de tener que juzgar a sus subordinados. Los buenos directivos pueden ser capaces de limitar esos juicios valorativos a las ocasiones formales, evitando todo vestigio de estilo judicial en otras situaciones, e incluso comunicando las críticas de un modo positivo y constructivo. Pero no hay modo de escapar por completo a la tendencia de un subordinado a ver a los superiores como jueces.

Así uno de los límites de la franqueza es la autodefensa. Por ejemplo, las personas suelen ocultar los fracasos de su propio departamento y confían en que se corregirán por sí mismos. En un caso característico, el grupo de desarrollo de un programa especial de ordenador se retrasó terriblemente en su plazo de entrega, pero nadie se lo dijo al jefe hasta que la entrega ya no podía realizarse. La demora fue de tres meses y la empresa tuvo que pagar una penalización económica.

Pero la falta de franqueza no sirvió de defensa a la larga, porque al grupo de desarrollo se le hizo responsable en definitiva de la demora. Pero los seres humanos suelen ser miopes. En un momento u otro, la mayoría de nosotros ha optado por una futura calamidad incierta en lugar de una situación desagradable inmediata.

Una variación de este asunto se da cuando los subordinados protegen a sus propios subordinados con el fin de protegerse a sí mismos, como en el ejemplo que sigue:

Yo era director adjunto de finanzas de una gran empresa manufacturera y supervisaba una plantilla de 27 empleados. Una nueva contratada estaba fracasando en un importante cometido. Su supervisor —que era quien la había contratado— no me dio a conocer este hecho hasta que el fracaso ya no pudo corregirse sin graves consecuencias. No me lo dijo porque sabía que yo le obligaría a hacer frente al problema y a resolverlo, lo cual iba a resultarle muy difícil.

Algunas veces un subordinado puede tratar de proteger a un cliente. Una vez, un viajante retuvo la información de que uno de sus grandes clientes tenía dificultades financieras. El cliente quebró y la empresa perdió 500.000 dólares.

En cuanto a los motivos del viajante sólo podemos hacer suposiciones: deseo de recibir su comisión antes de que la empresa en cuestión fracasara, temor de perder un antiguo cliente, renuncia a dar aviso oficial de un peligro que podría ser exagerado. El hecho es que dejó de comunicar el problema, su jefe no vio ningún signo de peligro y la empresa perdió medio millón de dólares.

A menudo, el motivo del silencio es por lo menos superficialmente digno de alabanza: la gente se mantiene callada acerca de un problema mientras trata de resolverlo. Muchos consideran que se les paga para que resuelvan los problemas *por sí mismos*, y en muchos casos tienen razón. A los subordinados no se les paga para que corran a comunicar a sus jefes todos los fallos y menudencias. Sin embargo, cuando los problemas son más graves, los directivos necesitan conocerlos.

La dificultad radica en el camino nebuloso que media entre los pequeños tropiezos y los grandes desastres. Cuando los problemas de esta zona gris se abordan rápida y decisivamente, a veces resultan insignificantes, pero los supervisores seguros de sí mismos, especialmente los inexpertos, están quizá demasiado deseosos de demostrar que pueden hacerles frente por sí mismos. El caso que sigue es característico:

> *Soy el jefe de investigación médica de una empresa farmacéutica. Mi trabajo forma parte de la investigación y desarrollo y está en el camino crítico para comercializar cualquier nuevo producto. Uno de mis jefes vio que no recibíamos datos esenciales para la preparación puntual de la documentación necesaria para el registro mundial de un nuevo medicamento. Pasó cuatro meses tratando de obtener los datos por sí mismo, o de seguir sin ellos, y no me informó del problema. Sufrimos un retraso de ocho meses en la solicitud de licencia para vender. Eso representa el 10% de la duración total de la patente del producto, cuyo máximo de ventas mundiales en un año se cifra en 120 millones de dólares.*

La política es otro obstáculo corriente para la franqueza. Las organizaciones son sistemas políticos, y los empleados intervienen a menudo en las luchas políticas. No existe ninguna garantía de que nuestros subordinados vayan a estar de nuestro lado.

Una empresa norteamericana de costrucción de maquinaria fabricaba un producto exitoso con licencia de una compañía sueca; pero el director ejecutivo general estadounidense sentía una profunda antipatía por su

Las fusiones, las absorciones y la política de oficina pueden estrangular el flujo de información esencial.

licenciador sueco y llegó a la conclusión particular de que los derechos de licencia eran excesivos. Sabiendo que su equipo directivo pondría objeciones, inició unas conversaciones confidenciales sobre absorción con uno de los competidores de la compañía sueca, una empresa mucho más pequeña y técnicamente menos perfeccionada. Debido a que las negociaciones eran demasiado complejas para llevarlas él solo, se saltó a los vicepresidentes que se habrían opuesto a esa pretensión y secretamente recabó ayuda de sus subordinados. Para cuando las negociaciones se hicieron públicas, era demasiado tarde para que el equipo directivo detuviera el trato. La compañía sueca canceló su licencia y la empresa norteamericana no ha vendido ni un solo elemento de nueva tecnología desde la absorción.

Este DEG cometió un grave error al dejar que sus sentimientos personales obstaculizaran su criterio empresarial, pero su incompetencia, por grande que fuera, no es lo esencial. Lo esencial es que ciertos empleados ocultaron información a sus superiores inmediatos. Sus motivos son fáciles de conjeturar y quizá comprensibles. Después de todo, actuaban por orden del DEG. Pero el hecho es que ninguno de ellos habló claro, sus superiores no sospecharon nada y las consecuencias para la empresa fueron extremadamente negativas.

En esta época de fusiones y absorciones, las luchas políticas internas suelen ser agudas después de la absorción de —o por— otra empresa. La reestructuración y la consolidación pueden producir un temor epidémico y la ruptura de las líneas de comunicación, como ilustra el caso siguiente:

> *Mi empresa de electrónica absorbió una división de otra empresa y fusionó con ella dos filiales existentes. En el proceso de fusión y consolidación se dejó que muchos empleados se fueran. Me nombraron presidente y DEG de la nueva empresa un año después de su formación. La nueva empresa tenía su sede central en la Costa Este y sus instalaciones de investigación en la costa del Pacífico. El*

director adjunto para investigación —cuya oficina estaba en California— no me dijo que la fusión, los despidos y las nuevas normas y procedimientos de la empresa habían tenido un terrible efecto sobre la moral de los empleados. Desconocí completamente los problemas durante cuatro meses. Luego, visité la instalación de investigación para anunciar un nuevo conjunto de prestaciones complementarias de los sueldos. Tras anunciar el plan, pedí que me formularan preguntas. Se desató todo un infierno. Durante el año y medio siguiente dediqué un tercio de mi tiempo y una gran cantidad del tiempo de otras personas a tender puentes y reafirmar la confianza, con el propósito de reducir la rotación de personal, mejorar la productividad y hacer que aquellos californianos se sintieran como parte de la empresa total.

¿Por qué no se me dijeron las cosas? Supongo que el subordinado que me las ocultó temía por su propio empleo. O, bien, consideró que iba a ganar algo con socavar mi cargo. No lo sé, pero fue un costoso fallo de comunicación.

Crear y destruir la confianza

Dados los obstáculos naturales para la confianza y la franqueza —temor, orgullo, política, aversión— los directivos necesitan sacar el máximo provecho de cualesquiera oportunidades que tengan para aumentar la confianza de los subordinados. La confianza no es fácil de crear en el mejor de los casos y la clase de confianza a la que nos referimos aquí tiene que edificarse sobre terreno firme: entre personas en diferentes niveles de autoridad.

Hay que resistir la tentación de utilizar la información como un instrumento o una recompensa.

Los factores que afectan al desarrollo de la confianza y la franqueza se pueden dividir en seis categorías: comunicación, apoyo, respeto, imparcialidad, posibilidad de predecir y competencia.

Con la *comunicación* se trata de mantener a los subordinados informados, proporcionándoles una información exacta de los resultados y de la situación, explicando las decisiones y normas, siendo sincero acerca de los propios problemas y resistiéndose a la tentación de acumular información para utilizarla como instrumento o recompensa.

Durante varios años, el fundador y el DEG de un pequeño conglomerado sudamericano habían atendido a las necesidades de cada una de sus seis divisiones por separado. Trataba a sus directores adjuntos como si fueran directores generales de división, cerrando tratos con cada uno de ellos independientemente y ocultando a cada uno sus convenios con los demás. Siempre había resuelto los problemas de esta manera específica, y le había dado unos resultados aceptables. La empresa creció rápida y constantemente. Pero, ahora, los tiempos eran más difíciles: la empresa era más grande y empezó a tener quejas de los directores adjuntos en relación con la asignación de recursos. Ninguno de ellos estaba satisfecho con la cuota que correspondía a su propia división, aunque tampoco ninguno de ellos estaba en situación de considerar las necesidades de la empresa en su conjunto. Llegado a este punto, el DEG se dio cuenta de que su modo de dirigir era parte del problema. Dio una brusca media vuelta y creó un comité ejecutivo en el que estaba incluido él mismo y sus seis directores adjuntos. Todos ellos tomaron parte en la determinación de las prioridades, la asignación de recursos y la planificación de la estrategia de la empresa. Los conflictos subsistieron, por supuesto, pues cada director adjunto luchaba para obtener recursos para su división.

Pero aumentó sustancialmente la confianza y por primera vez hubo comunicación entre las divisiones, y voluntad y oportunidad de que la dirección de la empresa trabajara en forma de equipo.

Otro DEG trasladó las oficinas de su pequeña empresa sin avisar. Su personal llegó al trabajo un lunes por la mañana y se enteró de que los empleados de la casa de mudanzas irían el martes. Cuando se le pidió una explicación, el hombre dio sus motivos, pero se vio claramente que no consideraba que sus empleados necesitaran saberlo. Con ello, insultó y menospreció a aquellas personas de las que dependía para su información y apoyo.

Es importante comunicar con los subordinados no solamente como grupo, sino también como individuos. El jefe de esta mujer quizá creyera que el dinero hablaba por sí mismo:

> *He estado trabajando para mi jefe actual durante dos años y nunca se han valorado mis rendimientos. Supongo que lo estoy haciendo bien, porque he tenido una buena subida de sueldo todos los años. Pero no tengo ninguna idea de lo que el futuro me reserva en esta empresa.*

A los directivos de nivel medio y superior a menudo les resulta difícil hablar con sus superiores acerca de su propia actuación y perspectivas de carrera. Cuando consideran que no obtienen la información que necesitan sobre su situación, se sienten incómodos ante el hecho de solicitarla. La comunicación debe fluir en ambas direcciones, si es que ha de fluir de algún modo. No brotará en abundancia la información en una situación en la que meramente gotee.

Apoyo significa mostrar interés por los subordinados como personas. Esto supone estar disponible y accesible.

Significa ayudar a la gente, enseñarles, alentarles para que expongan sus ideas, e implica también defender sus actitudes. Puede significar adaptarse a su medio social. Significa, por supuesto, interesarse por sus vidas y carreras profesionales. He aquí tres ejemplos de buen y mal apoyo:

Durante un período de mi vida, tuve algunos graves problemas personales que afectaron a mi trabajo. Mi jefe me protegió en el trabajo y me dio un gran apoyo moral. Finalmente, conseguí resolver mis problemas, gracias en parte a su ayuda. Esto reforzó enormemente nuestra relación profesional.

Presenté una propuesta al comité ejecutivo. Algunos miembros estaban a favor, otros en contra. Yo era tan joven y estaba tan nervioso que no veía la manera de convencerles de que tenía razón. Entonces, mi jefe tomó la defensa de mi propuesta, discutió enérgicamente en favor de ella y ganamos. Cuando ahora pienso en ello, me doy cuenta de que pocos acontecimientos de mi carrera me han complacido más o me han dado una sensación de gratitud más verdadera.

Aprobé un crédito y había sido autorizado por mi jefe para renunciar a ciertos avales. Entonces, otras personas empezaron a cuestionar lo que yo había hecho y expresaron dudas sobre mi competencia. En lugar de apoyarme, mi jefe se puso de parte de mis críticos.

A menudo, es tentador abandonar a un empleado que está en dificultades, que ha perdido el favor, o que es, simplemente, impopular; pero el esfuerzo adicional empleado en favor de dicha persona puede dar buenos dividendos más adelante. Cuando hay que prescindir de los servicios de un empleado, el peor método posible es dejarle a merced del viento. Hay que desembarazarse de los que no convengan y apoyar a los otros con todas las fuerzas. Los subordinados confían más en los superiores que saben que les apoyarán cuando las cosas vayan mal.

El *respeto* se alimenta a sí mismo. La forma más importante de respeto es la delegación, y la segunda en importancia es escuchar a los subordinados y actuar con arreglo a esas opiniones. En el primero de los tres ejemplos que siguen, el jefe muestra un respeto verdadero por el criterio e inteligencia del subordinado. En el tercero, la relación se deteriora realmente en el curso de la reunión.

> *Mi jefa me puso al frente de un proyecto. Éste suponía un gran riesgo para mí, pero un riesgo aún mayor para ella si yo fracasaba. Le pregunté qué quería que hiciera y a quién debía dirigirme para solicitar aprobación. Ella me dijo: «Tiene usted plena libertad para esto. Lo que quiera que haga estará bien para mí».*

> *Hace seis años, poco después de haber ingresado en el banco, mi jefe me dijo que había decidido comprar una empresa y me pidió que examinara el asunto y le diera mi opinión. Lo hice y le dije que creía que la idea no era buena. Por consiguiente, me eliminó del equipo que había reunido para dirigir la absorción. Conseguí persuadirle de que me escuchara una exposición más completa de mi análisis. Él no solamente me dedicó su tiempo, sino que realmente escuchó mis razonamientos y finalmente canceló la compra.*

> *Mi jefe y yo acordamos que teníamos que reducir el personal de mi departamento. Yo quería eliminar cinco puestos de trabajo; él quería que fueran ocho. Expuse mis*

razones durante una hora. Al final me obligó a reducir ocho puestos, sin ni siquiera responder a mis razonamientos y me di cuenta de que no había prestado atención a nada de lo que le había dicho.

En las relaciones interpersonales, tiende a regir la ley de la reciprocidad. Cuando los supervisores utilizan muchas palabras finas acerca de la confianza y el respeto, pero se comportan desdeñosamente, es probable que los subordinados respondan de la misma manera.

Imparcialidad significa conceder el mérito al que se le debe, ser objetivo e imparcial en la valoración de las actuaciones, elogiar generosamente. La clase opuesta de comportamiento —favoritismo, hipocresía, hacer mal uso de las ideas y logros, despreciar la ética— es difícil de perdonar y enormemente destructiva de la confianza. Estos dos ejemplos dejan bien sentado lo que decimos:

No conceder el mérito a quien lo tiene es enormemente destructivo para la confianza.

Uno de mis subordinados tuvo lo que yo consideré una idea fabulosa y se lo dije a mi jefe. Él se mostró de acuerdo e inmediatamente dictó un memorándum para el director de división esbozando la idea y concediendo pleno mérito a lo que era debido. Algún tiempo después supe que nunca envió el memorándum, sino que lo sustituyó por otro en el que él se atribuía una buena parte del mérito y otra parte igual a mí. No sólo me sentí engañado, sino que consideré que de algún modo había tomado parte en una trama para engañar a la persona que había tenido la idea primero. Aquello no sólo destruyó mi relación con aquel jefe sino que casi estropeó la relación con mi subordinado.

> *Éramos parte en un pleito muy difícil con un antiguo cliente. La batalla duró cuatro años, y al final perdimos el caso ante el Tribunal Supremo. Cuando le comuniqué la noticia a mi jefe, temí que lo tomara a mal, como una especie de fracaso personal. Pero entendió que habíamos perdido por factores completamente ajenos a nuestra voluntad y, en lugar de criticarnos, elogió nuestro arduo trabajo y dedicación.*

La falta crónica de imparcialidad acabará rápidamente con la confianza y la franqueza, mientras que los actos de apoyo y juego limpio las fomentarán.

La posibilidad de *predecir* se deriva del comportamiento coherente y responsable y del cumplimiento de las promesas tanto de las explícitas como de las implícitas. Una promesa incumplida puede hacer un daño considerable, como muestra este ejemplo:

> *Cuando mi jefa me contrató, me prometió un porcentaje de los beneficios en el proyecto que yo tenía que dirigir. Mi llegada se retrasó, por lo que tuve que hacerme cargo del proyecto cuando estaba perdiendo intensidad, sin ningún beneficio que mencionar. Tan pronto como até los cabos sueltos, me hice cargo de un nuevo proyecto del que fui responsable desde el comienzo. Lo llevé bien y los beneficios fueron considerables. Me sentí engañado cuando se me dijo que mi porcentaje se refería al primer proyecto solamente, que no existía tal convenio para el segundo. Me quejé amargamente, y la empresa rectificó, pero aquello me dejó mal sabor de boca y me marché poco después.*

Otra forma de poder predecir es la coherencia e invariabilidad de carácter que es, después de todo, la mejor prueba de autenticidad.

Competencia, por último, significa demostrar la aptitud técnica y profesional y el buen sentido comercial. Los empleados no quieren estar subordinados a personas que consideran incompetentes. La confianza nace de las semillas del comportamiento decente, pero medra con la admiración y el respeto que sólo un jefe capaz puede despertar.

Aprender a reconocer los indicios de dificultad

La creación de la confianza y la franqueza es un proceso gradual, una larga cadena de experiencias positivas: confiando a los empleados misiones importantes, defendiendo públicamente sus actitudes y apoyando sus ideas, mostrando sinceridad e imparcialidad al evaluar su trabajo, etc. Y debido a que es necesario el tiempo para que se cree la confianza y a que, una vez lograda, tiene unos límites naturales, es fácil de destruir. Traicionar una confianza, incumplir una promesa, humillar a un empleado en público, mentir, retener información, o excluir a los subordinados de los grupos a los que ellos consideran que pertenecen, cualquiera de estas cosas puede producir un daño instantáneo e irreparable en una relación de confianza que se ha tardado meses o quizá años en desarrollar.

Dadas estas limitaciones, ¿pueden los directivos confiar en que los subordinados se presentarán con los problemas antes de que éstos se hagan críticos?

La respuesta evidente es no, no del todo. La comunicación sincera y franca es la mejor fuente de información acerca de los problemas que tienen los directivos y los buenos sacan el mayor partido de ella. Al mismo tiempo, aprenden a reconocer los sutiles indicios de peligro, y desarrollan y refinan fuentes alternativas de información para rellenar los huecos. Mis entrevistas indican que existen varias señales de advertencia que los directivos pueden buscar.

La disminución del flujo de información suele ser un primer signo de la existencia de dificultades. Las corrientes de información se secan de pronto. Los subordinados comunican menos, expresan las opiniones con desgana, evitan los intercambios de impresiones e incluso las reuniones. Los informes se retrasan, los subordinados son más difíciles de abordar y el seguimiento tiene que ser más completo y meditado. En el ejemplo que sigue, el primer aviso fue una serie de afirmaciones elocuentes, pero poco sinceras, que no concordaban en absoluto con la realidad:

Yo era director de exploración de una empresa petrolífera de Venezuela. Empecé a advertir que cuando preguntaba sobre un determinado proyecto, obtenía respuestas muy cortas y superficiales y se me aseguraba que todo iba bien. Pero había algunos indicios contradictorios. Por ejemplo, la rotación de los trabajadores del proyecto era muy alta. Tenía la sensación interna de que algo marchaba muy mal. Entré en contacto con el director de la zona, pero él no podía resolver ningún problema concreto. Llamé al supervisor de campo y seguí sin obtener respuestas claras. Me fui al campo petrolífero y pasé allí dos días. Luego envié a un joven ayudante de confianza a trabajar con las cuadrillas de campo durante una semana y descubrí el problema. Los subcontratistas de mano de obra local estaban sobornando a los trabajadores, aumentando la rotación de personal y obteniendo una gran cantidad de dinero por proporcionar sustitutos. No solamente gastábamos más en primas de reclutamiento de mano de obra, sino que a menudo trabajábamos con novatos en lugar de con obreros bien cualificados.

El empeoramiento de la moral puede revelarse en la falta de entusiasmo, la menor cooperación, el aumento de las quejas acerca de la carga de trabajo, la tendencia a descargar un mayor número de problemas sobre la mesa del jefe. En una fase más avanzada, empieza a aumentar el absentismo y aparece el comportamiento agresivo: mayores críticas, irritabilidad, acusaciones, etc.

Los subordinados envían *mensajes verbales ambiguos* que revelan que se sienten incómodos por la información que transmiten. Quizá teman exagerar un problema potencial o es posible que tanteen para ver si la puerta está abierta para un cambio de impresiones más serio.

En un ejemplo, el jefe del laboratorio de investigación y desarrollo preguntó a la mujer encargada de un gran proyecto de investigación cómo estaba trabajando un científico recién contratado. La mujer dijo: «Es muy brillante, aunque un poco extraño. Pero trabaja con mucho ahínco y es extremadamente entusiasta. Está bien». El jefe no captó el mensaje. «Me alegro de que todo esté bien» fue lo que dijo.

En este caso, la respuesta de la mujer era un signo característico de las dificultades en forma de emparedado: positivo, negativo, positivo. Es posible que un subordinado que contesta de este modo esté poniendo a prueba la atención del jefe. Al no captar éste la observación «un poco extraño», ella abandonó el asunto. Su jefe nunca averiguó que ella se consideraba amenazada por la brillantez del científico y que el comportamiento de éste como «divo» la había enojado. La fricción entre ambos aumentó y ella finalmente aceptó un empleo en otra división.

Las *señales no verbales* pueden adoptar una amplia variedad de formas, desde el lenguaje corporal hasta el comportamiento social y cambios en los trámites y hábitos.

El director de la división internacional de un importante banco de Estados Unidos advirtió que su jefe de operaciones con Asia había empezado a trabajar con la puerta de su oficina cerrada durante sus frecuentes visitas a Nueva York. Éste era un comportamiento inusitado: él era una persona sociable, siempre disponible para almorzar o charlar, y una puerta cerrada era algo desusado.

Después de dos o tres de tales visitas, el director le invitó a almorzar para hablar de negocios. Tras una botella de buen vino, el joven planteó lo que pensaba en realidad. Había oído rumores de que su nombre había sonado para jefe de la división europea —la misión más prestigiosa en el extranjero— y que el director se había opuesto. Los rumores eran falsos. En realidad, el banco buscaba a alguien que aceptara el puesto de director, pues él estaba a punto de ser ascendido y el jefe de operaciones con Asia era el candidato principal.

Consciente o inconscientemente, el hombre envió una señal cerrando su puerta. La invitación a almorzar fue un modo no amenazador de averiguar lo que significaba la señal. En el momento en que esto tuvo lugar, el negocio no había empezado todavía a perjudicarse, pero podría haber surgido una dificultad más grave, si este hombre hubiera continuado cavilando sobre los falsos rumores. Esta pronta respuesta a una señal no verbal evitó que un pequeño problema se convirtiera en uno grande.

Digamos de paso que el lenguaje del cuerpo se interpreta erróneamente con facilidad. Libros muy difundidos han alentado a muchas personas a creer que son expertos; pero interpretar el lenguaje del cuerpo es un asunto arriesgado. Por ejemplo, los acontecimientos de la vida privada pueden provocar señales de aflicción y no tener nada que ver con la oficina. Un enfoque más prudente consiste en considerar el lenguaje del cuerpo meramente como una indicación de un problema potencial, sin pasar a sacar conclusiones acerca de cuál puede ser el problema.

Las señales externas, tales como las quejas de los clientes y los problemas observados por otras divisiones de la empresa, son también claras advertencias, pero a menudo llegan demasiado tarde. Para entonces, el problema suele haber alcanzado la fase de los malos resultados: descenso de la productividad, empeoramiento de la calidad, disminución de los pedidos, cifras en declive. Para entonces, el director ya hace tiempo que ha fracasado.

Convertir las insinuaciones en información

Cuando los directivos experimentados ven cambios en el comportamiento de las personas que supervisan, hacen lo mejor que saben para ampliar las insinuaciones y obtener información complementaria.

Tal como señalé al comienzo de este artículo, el modo más fácil, con mucho, de conseguir información es obtenerla de un subordinado, en lenguaje llano. Es frecuente que los directivos que han creado buenas relaciones con sus subordinados utilicen este método. Cuando ven los signos tempranos de advertencia de problemas, formulan preguntas.

Como he subrayado, las respuestas a estas preguntas serán solamente tan siceras como los subordinados quieran y se atrevan a darlas. Dicho de otro modo, el éxito del interrogatorio depende en parte del nivel de confianza. Sin embargo, depende también en parte de la actitud del directivo para separar los síntomas superficiales y algunas veces engañosos: es algo muy parecido a las capas exteriores de una cebolla. Los directivos eficientes tienen un buen ojo clínico. Este hombre, por ejemplo, tenía una sensación visceral de que no había llegado todavía a la esencia del problema:

Mi departamento era responsable del comercio con Extremo Oriente, y yo necesitaba un buen directivo para China. Encontré al que consideraba el hombre perfecto. No solamente conocía todas las transacciones, sino que además hablaba con fluidez inglés, francés, chino y japonés. El nuevo empleo suponía para él un ascenso desde el punto de vista del título y significaba un gran aumento de sueldo.

Durante el primer año trabajó con ahínco, las cosas fueron bien y ganamos gran cantidad de dinero. Al mismo tiempo, empezó a quejarse de su sueldo, argumentando que otros directivos que dependían de mí realizaban la misma clase de trabajo y ganaban un 20% más, lo que era verdad. Dije que él ya había tenido un aumento del 25% y que, si continuaba haciendo las cosas bien, podía esperar ulteriores aumentos a lo largo de los dos años siguientes.

Entonces empecé a oír sus quejas por boca de terceros en todo el Extremo Oriente. Discutí el asunto con él muchas veces y finalmente se le subió el sueldo hasta diferenciarse en sólo un 5% del de los otros directivos. Pero algo seguía estando mal. Entonces de pronto se puso enfermo y desapareció de la oficina durante dos semanas. Cuando volvió, lo primero que hizo fue hablar del sueldo.

Durante el siguiente par de meses, sin embargo, su salud continuó empeorando y empecé a preguntarme si, después de todo, su sueldo sería el verdadero problema. Tuve varias conversaciones largas con él y por último supe la verdad. El empeoramiento de su salud estaba relacionado con el empleo y el nivel de responsabilidad, que era excesivo para él. Estaba tan inquieto que no podía dormir y tenía conflictos con su familia. Tan pronto como ambos comprendimos la causa de su problema, le prometí un puesto de trabajo diferente con menos tensión y frustración. Inmediatamente se le vio más relajado y feliz con su sueldo y su vida.

La cuestión del salario fue solamente un síntoma: un síntoma particularmente engañoso, puesto que el hombre estaba en realidad mal pagado en relación con sus colegas. Adviértase también la intensificación de los síntomas desde las quejas hasta la enfermedad y el hecho de que el jefe hubiera de tener varias conversaciones con su subordinado para llegar a la verdad real. Su continuación en la empresa se derivó de la profunda convicción de que el sueldo no era el verdadero problema, sino un síntoma enmascarador.

Cuando surgen los conflictos entre superiores y subordinados, el método más corriente de castigar al jefe es reservarse información. De ese modo, cuanto mayor sea el conflicto, menos efectivo será el interrogatorio directo. Además, si una respuesta sincera significa señalar algunas de las deficiencias del propio jefe, casi todo el mundo lo pensará dos veces.

Un modo de eludir esta dificultad es diseñar formas anónimas de comunicación: buzones de sugerencias, cuestionarios y evaluaciones de la actuación de los directivos por las personas que están a sus órdenes.

Cierto directivo sacó partido de una situación singular en su oficina para alentar a su personal para que le facilitara información anónima. Las oficinas estaban en los pisos noveno y décimo de un edificio de oficinas y tenía dos ascensores propios, que todos los empleados utilizaban varias veces al día. El jefe puso un tablón de anuncios en cada uno de ellos y colocó en ellos avisos frecuentes, incluido un boletín semanal acerca de las actividades de la oficina, de los cambios de personal y de los acontecimientos del sector en el que se encuadraba el negocio. Luego, hizo saber informalmente que los tablones de anuncios estaban abiertos a todo el mundo —no se requerían aprobaciones— y cuando aparecieron las primeras notas de los empleados, insistió en dejarlas en su sitio durante toda una semana. Solamente había dos reglas: Primero, nada de recortes de periódicos y revistas: las aportaciones tenían que ser originales. Segundo, nada de mal gusto u ofensivo; pero las reclamaciones y quejas eran aceptables.

Florecieron los tablones de anuncios, en parte porque la mayoría de la gente tenía por lo menos una oportunidad ocasional de expresarse individualmente y airear sus propias opiniones en privado. Durante algún tiempo, hubo incluso un boletín semanal anónimo que distribuía elogios y críticas con toda libertad y poco respeto. Hizo que algunas personas se sintieran incómodas, pero no hubo un lector más ávido que el propio jefe, que aprendió muchísimo acerca de los problemas y opiniones de su personal y organización.

Criticar el estilo de dirección y la competencia profesional del jefe es probablemente lo más difícil que pueden hacer los empleados. Recuérdense dos puntos críticos: en primer lugar, los empleados que destacan por su buen rendimiento son los más proclives a hacer críticas sinceras, puesto que se sienten más seguros. Por consiguiente, es a ellos a quienes hay que preguntar primero. En segundo lugar, muchos de nuestros subordinados han aprendido a fuerza de sinsabores que contar la verdad, cuando ésta encierra aspectos críticos, suele ser peligroso. Por tanto, esto nunca debe intentarse a no ser que se esté seguro de atenerse convenientemente a todas las consecuencias.

La creación de redes de información

Existen grandes diferencias entre consumir, difundir y crear información. Los directivos eficientes parecen tener talento para las tres.

Utilizar bien la información consiste fundamentalmente en no *hacer mal uso* de ella: en ser discreto acerca de sus fuentes, de utilizarla no como arma, sino como el único medio de resolver problemas y mejorar la calidad de la vida laboral.

Difundir bien la información significa no difundir habladurías, pero también no reservar la verdad. Las personas que están en las empresas quieren información —y tienen derecho a ella— que les ayude a desarrollar mejor sus tareas o, en otro caso, afectará a su vida. En general, también trabajan mejor y sufren menos tensión y menor número de complicaciones cuando están bien informadas. Al mismo tiempo —y lo que es más importante para esta exposición— la información atrae información. Los directivos que son generosos con lo que ellos saben parecen obtener más de lo que dan. Por último, crear información consiste en recopilar hechos dispersos e interpretarlos para otros. Dar forma a los datos de este modo es una capacidad que necesita ejercitarse. Es un acto de educación y, por supuesto, un acto de control.

El resultado positivo final para los individuos ricos en información es que la información fluye hacia ellos tanto como sale de ellos. Esta aptitud para atraer, crear y difundir información puede llegar a ser un inmenso activo gerencial, una red de información que se perpetúa a sí misma y un medio de crear la confianza de la que depende el flujo ascendente de información.

«Nobody trusts the boss completely... now what?»
Publicado originalmente en marzo-abril de 1989

La destreza incompetente

CHRYS ARGYRIS

Resumen

LA MAYORÍA DE LOS DIRECTIVOS consideran que la urbanidad es un mérito. Son muchos los altos directivos que se enorgullecen de su destreza para evitar conflictos. La justificación está en que lo mejor es no molestar a los demás. Así, con la mejor de sus intenciones, los directivos tratan de no herir los sentimientos de sus colegas. Lo que ocurre, sin embargo, es que esta urbanidad, considerada una ventaja, en realidad se convierte en un inconveniente.

Cuando el personal directivo ni habla con sinceridad ni pone sobre la mesa hechos importantes —incluidas las sospechas sobre las motivaciones de los otros— nunca pueden llegar a tomar decisiones efectivas. Si cunde la sospecha, si se pierde la sinceridad, lo que sufre es la comunicación, y con ella toda la empresa.

La destreza incompetente es un estado en el que la gente tiene mucho talento para hacer cosas que tienen consecuencias lamentables, aunque parezcan las más apropiadas en ese momento. «Destreza» porque, al igual que al montar en bicicleta o jugar al tenis, actúan sin pensárselo dos veces. «Incompetente» porque genera resultados que no son los previstos, como caerse de la bicicleta. Para evitar las desastrosas consecuencias que acarrea este tipo especial de incompetencia, es muy útil comprender y reconocer hasta qué punto están enraizadas las propias incompetencias y cómo debemos olvidarlas. Argyris recomienda la aplicación especial del método de los supuestos prácticos como primer paso para reconocer y olvidar lo que está mal.

La CAPACIDAD PARA LLEVARSE BIEN con los demás es siempre una virtud ¿verdad? Pues no. Al evitar hábilmente conflictos con sus compañeros de trabajo, algunos directivos acaban fomentando el caos en la empresa. Y es justamente esa habilidad lo que constituye el problema. La explicación de esta situación se fundamenta en lo que yo denomino la destreza incompetente, mediante la cual los directivos utilizan una conducta rutinaria y consagrada (destreza) para producir lo que no se proponen (incompetencia). Esto lo podemos apreciar cuando los directivos hablan entre ellos de forma que parece sincera y directa. Lo que no vemos tan claramente es el modo en que las destrezas de los directivos puedan acabar institucionalizándose y provocando desastrosos efectos secundarios en sus empresas. Consideremos esta situación bastante usual:

El emprendedor-DEG de una empresa mediana en rápido crecimiento convocó a sus brillantes, fieles y laboriosos altos directivos para elaborar un nuevo plan estratégico. La empresa ha estado creciendo a un ritmo del 45% anual, pero, temiendo que esta situación desembocara en profundos problemas administrativos, el DEG había empezado a replantearse esta estrategia de crecimiento. Decidió que convenía reestructurar su empresa siguiendo unas pautas más racionales y menos dictadas por los imperativos de cada momento. Tal como la veía, su empresa estaba dividida entre el personal orientado hacia la venta que vendía productos especializados y el personal dedicado a suministrar servicios personalizados a profesionales liberales. Y cada uno de los grupos desconfiaba del otro. Quería que el conjunto de la empresa decidiera hacia dónde había de encaminarse.

Sus subordinados inmediatos se mostraron de acuerdo en que había que elaborar una visión general y adoptar algunas decisiones estratégicas. Para ello mantuvieron distintas reuniones. Aunque éstas parecían desarrollarse plácidamente y nadie ponía las cosas difíciles a nadie, todas terminaban sin acuerdos ni decisiones. «Acabábamos confeccionando listas de problemas pero no decidíamos nada», señalaba un vicepresidente. Otro añadía, «Y resulta muy desalentador que esto suceda cada vez que nos reunimos». Un tercero expresaba en voz alta sus preocupaciones, «Si tú te consideras desanimado ¿cómo crees que se sentirán los que están por debajo de nosotros, viéndonos fracasar una y otra vez?».

Y se trata de un grupo de directivos que están en el máximo nivel de la empresa, que se respetan unos a otros, que se han comprometido a fondo con su trabajo, y que coinciden en que la elaboración de una visión general y de una estrategia resulta decisivo para la empresa. Y sin embargo, cada vez que se reúnen, fracasan en su empeño de crear la visión general y la estrategia que desean. ¿Qué está sucediendo ahí? ¿Es que los directivos son realmente tan incompetentes? Y si es así ¿por qué?

Lo que origina la incompetencia

Al principio, los directivos del anterior ejemplo creían que no podían formular y poner en práctica un buen plan estratégico porque les faltaban datos financieros fiables. Así que pidieron al vicepresidente financiero que reorganizara y volviera a distribuir esos datos. Todo el mundo coincidió en que había hecho un trabajo soberbio.

Pero ese directivo financiero me confesó: «Nuestro problema *no* es la falta de datos financieros: yo podría inundarles de informes. Lo que nos falta es una visión sobre el tipo de empresa que queremos y una estrategia. Una vez que obtengamos ambas cosas, yo les suministraré los datos necesarios». De mala gana, los demás directivos se mostraron de acuerdo con estas palabras.

Después de varias reuniones más en las que no salió nada en limpio, emergió una segunda explicación. Tenía que ver con las personalidades de los interesados y con la forma en que trabajaban unos con otros. El DEG señaló: «Éste es un grupo de chicos adorables, con egos muy acusados. Son competitivos, brillantes, sinceros y fieles. Pero cuando nos reunimos parece que nos movemos en círculos; no estamos dispuestos a ceder un ápice y a llegar a los necesarios compromisos.»

¿Es válida esta explicación? ¿Deben los altos directivos ser menos competitivos? No estoy seguro. Algunos grupos de directivos no son buenos en la resolución de problemas y en la adopción de decisiones precisamente porque los participantes tienen unos egos débiles y no se sienten cómodos en medio de la competencia.

Si el problema era realmente de personalidad, el remedio habría de venir de la psicoterapia. Y desde luego lo que no es cierto es que, para ser más eficaces, los directivos de empresa tuvieran que pasarse años en el diván del psiquiatra. Por otro lado, resaltar el asunto de la personalidad sólo sirve para ocultar el verdadero culpable.

EL CULPABLE ES LA DESTREZA

Empecemos por preguntarnos si un comportamiento antiproductivo es también natural y rutinario. ¿Es que todo el mundo parece estar actuando con sinceridad? ¿Irían las cosas mal a pesar de que los directivos no fueran destructivos, manipuladores y políticamente ambiciosos?

Para el grupo de directivos del ejemplo, la respuesta a estas preguntas es afirmativa. Su motivación era honrada, y se encontraban en lo mejor de sí mismos. Sus acciones eran espontáneas, automáticas y no ensayadas. Actuaban en milésimas de segundo, eran diestros comunicadores.

¿Cómo pueden ser contraproducentes unas actuaciones llenas de destreza? Cuando nos comportamos diestramente, lo normal es que produzcamos lo que nos proponemos. Así, en cierto sentido, lo hicieron esos directivos. En ese caso, el comportamiento diestro —las respuestas espontáneas y automáticas— se proponía evitar molestias y conflictos durante las reuniones. Lo que causa problemas son los subproductos que se derivan de ello sin proponérselo. Como los directivos no dicen realmente lo que sienten ni verifican las hipótesis que realmente sostienen, sus destrezas inhiben la resolución de las importantes cuestiones intelectuales involucradas en el desarrollo de la estrategia. Por ello las reuniones finalizan solamente con listas y sin decisiones.

Esta tendencia al fracaso no es sólo característica del citado grupo de directivos. Sucede entre todo tipo de personas en cualquier empresa y sea cual sea su edad, sexo, formación, posición económica o situación jerárquica. Déjenme ilustrar con otro ejemplo que involucra a toda la cultura empresarial en los niveles superiores. Aquí empezaremos por ver cómo la tendencia humana a evitar conflictos, a ocultar los problemas graves, se institucionaliza y desemboca en una cultura empresarial que no puede tolerar la sinceridad en las conversaciones.

Donde medran los diestros

La alta dirección de una empresa grande y descentralizada tenía dificultades para saber qué estaban haciendo algunos presidentes de sus divisiones. Una y otra vez el DEG les enviaba memorandums pidiéndoles información, y una y otra vez ellos le enviaban textos vacíos como respuesta. Pero en la sede central había muchas otras personas que aceptaban perfectamente esta situación. Cuando se les preguntaba por qué mantenían tan poca comunicación directa con los jefes de división, contestaban: «Así es como hacemos las cosas aquí».

Estamos ante una empresa que no habla consigo misma. Las pautas que los directivos han establecido entre ellos se han institucionalizado, y lo que en su momento fueron intercambios personales específicos se han convertido ahora en rutinas defensivas dentro de la empresa. Antes de que pase a describir esas rutinas, echemos un vistazo a los orígenes de tal situación.

La descentralización representa desde siempre el punto de tensión entre autonomía y control: los superiores no quieren sorpresas, los subordinados quieren que se les deje trabajar a su manera. Los subordinados presionan en pro de la autonomía: sostienen que dejándolos solos, la alta dirección demuestra su confianza en ellos desde la distancia. Los superiores, por el contrario, tratan de mantener el control mediante sistemas de información. Los subordinados consideran los dispositivos de control como elementos que confirman todas sus sospechas: que los superiores no confían en ellos.

Muchos directivos a los que he observado se sitúan ante esta tensión como si no existiera. Actúan como si todo el mundo estuviera de acuerdo y confían en que ninguno sacará a la luz desacuerdos que puedan hacer zozobrar la barca. Al mismo tiempo, no obstante, sienten realmente la tensión y no pueden hacer otra cosa que poner sordina a su charla: envían continuamente mensajes ambiguos (véase «Cuatro fáciles pasos hacia el caos», en la página 125). El DEG de este ejemplo no deja de decirles a sus presidentes de divisiones, «Lo que quiero decir es que sois vosotros los responsables». Los presidentes de divisiones, queriendo demostrar su temple, creían sus palabras hasta el momento en que se planteara un problema importante. Cuando sucedía tal cosa, el DEG, preocupado por la situación y olvidando su deseo de que sus jefes de división fueran innovadores, no cesaba de hacer llamadas telefónicas y de enviar memorandos pidiendo información.

Emergen rutinas defensivas

Uno de los modos más eficaces de hacer frente a posibles situaciones embarazosas es creando «rutinas defensivas en la empresa». Yo las defino como una acción o política destinada a evitar sorpresas, situaciones embarazosas o amenazas. Pero también impiden aprender y, por tanto, no dejan que las empresas investiguen o eliminen los problemas subyacentes.

Las rutinas defensivas son sistémicas, en el sentido de que la mayoría de las personas dentro de la empresa se aferran a ellas. Unas personas se marchan de la empresa y llegan otras nuevas y, sin embargo, las rutinas defensivas permanecen intactas.

Para apreciar el impacto de las rutinas defensivas y el alcance de sus efectos, volvamos al ejemplo de los jefes de división que son dirigidos por mensajes ambiguos. Sienten falta de confianza y sospechan de las intenciones de su jefe, pero han de encontrar, de todos modos, formas de convivir con esos mensajes ambiguos. Por eso se «explican» los mensajes a sí mismos y también a sus subordinados. Esas explicaciones muchas veces son de un tenor similar a éste:

— «La central nunca ha deseado realmente la descentralización.»
— «La central está dispuesta a confiar en las divisiones cuando las cosas se desenvuelven fluidamente, pero no cuando hay dificultades.»
— «A la central le preocupa más la Bolsa que nosotros.»

Está claro que los directivos raras veces comprueban sus hipótesis sobre las motivaciones de la empresa con la alta dirección. Si debatir los mensajes ambiguos entre sí ya resulta incómodo, comprobar en público la validez de esas explicaciones resultaría como mínimo embarazoso.

Pero ahora los jefes de división se hallan en un doble aprieto: por un lado, si siguen adelante sin hacer averiguaciones, pueden perder su autonomía y sus subordinados pueden pensar que tienen poca influencia sobre las altas esferas de la empresa. Por otro, si los directivos de división no cumplen las órdenes de arriba, la central pensará que son recalcitrantes y, si el incumplimiento continúa, desleales.

La alta dirección se halla en situación similar. Se da cuenta de que los directores de división sospechan de los motivos de la central y tratan de ocultarlos. Ahora bien, si la central deja que se conozca su impresión, los jefes de división pueden sentirse molestos. Si los de arriba no dicen nada, los presidentes de las divisiones pueden inferir que existe pleno acuerdo, cuando en realidad no es así. Normalmente, y con el fin de preservar las buenas relaciones, los de arriba ocultan su situación.

El personal de las divisiones no tarda en aprender a vivir con sus compromisos generando nuevas explicaciones. Por ejemplo, pueden concluir finalmente que la franqueza es una estrategia que la alta dirección ha diseñado intencionadamente para ocultar su oposición a dejarse influir.

Dado que esta conclusión se basa en la hipótesis de que los de arriba están ocultando algo, tampoco los directivos la verificarán. Y dado que ni la central ni los jefes de división analizan o resuelven las atribuciones o las frustraciones, ambos pueden acabar de un modo regular y abierto con la comunicación entre ellos. Una vez establecido, este clima de desconfianza hace que resulte mucho más probable que los problemas nunca lleguen a discutirse.

Ahora bien, tanto la central como los directores de divisiones tienen actitudes, hipótesis y actuaciones que crean procesos autónomos e impermeables y que, según cada una de las partes, han sido creados por la otra.

En tales condiciones no es de extrañar que superiores y subordinados tengan a la vez buen y mal concepto unos de otros. Así, pueden comentar unos de otros, «son brillantes y bien intencionados, pero tienen una visión estrecha y provinciana», o bien «están interesados en la salud financiera de la empresa, pero no comprenden que están perjudicando los beneficios a largo plazo», o «están interesados en las personas, pero prestan muy poca atención al desarrollo de la empresa».

Mi experiencia me enseña que las personas no pueden empezar a apreciar a los demás sin antes haber eliminado sus sospechas. Pero para eliminar lo que no nos gusta, debemos ser capaces de debatirlo. Y esta exigencia infringe la regla de no debatir nada que se halla inserto en las rutinas defensivas de la empresa.

¿Es que existe alguna empresa que no tenga esas dificultades y problemas? Algunos apuntan que regresar a los principios básicos permitiría abrir líneas de comunicación. Pero la panacea que brindan no va lo suficientemente lejos, al no hacer frente a las pautas de comportamiento subyacentes. Los problemas no se resolverán corrigiendo simplemente un ejemplo aislado de bajo rendimiento.

Cuando los DEG que he tenido ocasión de observar declaraban la guerra a las barreras empresariales contra la sinceridad y exigían el retorno a los principios básicos, lo que la mayoría de las veces hacían era poner en práctica ideas nuevas con las destrezas antiguas. La gente cambiaba lo que podía y aprendía a cubrirse sus espaldas con más destreza aún. La libertad para preguntar y enfrentarse a los demás es crucial, pero también insuficiente. Para superar la destreza incompetente el personal ha de aprender destrezas nuevas, para formular las preguntas que están detrás de las preguntas.

Las rutinas defensivas existen realmente. Son indiscutibles, proliferan y crecen de forma subterránea. Y la contaminación social es difícil de identificar hasta que ocurra algo que haga saltar todo por los aires, revelando errores tan palmarios que no puedan mantenerse ocultos. El reciente desastre de la lanzadera espacial es un ejemplo. Solamente después de ocurrido el accidente salieron a la luz los mensajes ambiguos y las rutinas defensivas utilizados durante la decisión de proceder al lanzamiento. El desastre dio legitimidad a los no expertos para exigir a los de dentro que discutieran lo que no se quería discutir. (De paso, hay que decir que elaborar sistemas de control más estrictos y exigir una mejor comunicación no resolverá el problema. Unos controles más estrictos solamente servirían para hacer más voluminoso el manuel de normas que, según William Rogers, cabeza del comité presidencial que investigaba el desastre del Challenger, no sería más que un remedio peor que la enfermedad. Rogers advirtió que en sus tiempos en la Marina, cuando los protagonistas se atenían a la letra de las ordenanzas, las cosas iban peor).

Los directivos no pueden permitirse desconocer los problemas organizativos provocados por estos meandros autodefensivos. Es posible que consigan hoy adaptarse a ellos, pero están dejando una herencia nefasta para quienes vengan después.

Cómo hacerse inexperto

El grupo de altos directivos que describí al principio de este artículo decidió aprender nuevas destrezas mediante el examen de las defensas que habían creado en sus propias reuniones.

Primero, organizaron una reunión de dos días fuera de la empresa para la que redactaron previamente un supuesto, cuya finalidad era doble. Primero, permitía a los directivos elaborar un *collage* de los problemas que consideraban críticos. No resulta sorprendente que, en este grupo, al menos la mitad se refiriese a problemas relacionados con el conflicto entre productos y servicios personalizados. Segundo, los supuestos proporcionaban una especie de visión panorámica de las reglas y rutinas dominantes que los directivos utilizaban. La forma del supuesto práctico era la siguiente:

1. En un párrafo describa un problema clave de la empresa, tal como usted lo vea.

2. Al abordar el problema, suponga que puede hablar con quien desee. Explique, en uno o más párrafos, la estrategia que emplearía en esa entrevista.

3. A continuación, divida su página en dos columnas. A la derecha explique cómo iniciaría la entrevista: esto es, lo que diría realmente. A continuación, lo que cree que diría el otro (u otros). Luego anote su respuesta a esta contestación. Continúe redactando este escenario durante dos o más páginas mecanografiadas a doble espacio.

4. En la columna de la izquierda haga constar las ideas o sentimientos que, por cualquier razón, no considere oportuno dar a conocer.

Los directivos confesaron que se sintieron realmente absorbidos en la tarea de redactar esos supuestos. Alguno manifestó que el mero hecho de redactarlo le supuso una especie de revelación. Más aún, una vez distribuidos los supuestos, las reacciones fueron jocosas y todos disfrutaron con ellos: «Claro, Joe hace esto siempre»; «Oh, esto me resulta muy familiar»; «Todos hablan y nadie escucha»; «Oh, Dios mío, éstos somos nosotros».

¿Cuál es la ventaja de utilizar este método de los supuestos prácticos? Concebidos y escritos por los propios directivos, se convierten en vivos ejemplos de la destreza incompetente. Ilustran la destreza con la que cada directivo trata de evitar molestias a otros al tiempo que trata de modificar su opinión. Y también ilustran su incompetencia. Con arreglo a su propio análisis, lo que hacían molestaba a los demás, suscitaba sospechas y hacía más improbable el triunfo de sus opiniones.

Los supuestos prácticos son también dispositivos muy importantes de aprendizaje. Durante una reunión resulta difícil retardar unos comportamientos que se producen en milésimas de segundo, reflejarse en ellos y modificarlos, aunque sólo sea por lo difícil que resulta prestar atención a acciones interpersonales y, al mismo tiempo, a problemas sustantivos.

En la tabla «Supuesto práctico del partidario de los servicios personalizados» se incluye un *collage* de varios supuestos prácticos. Fue redactado por directores que creían que la empresa debería prestar mayor importancia a los servicios personalizados.

Los supuestos redactados por quienes eran partidarios de la estrategia de productos no diferían demasiado. También intentaban persuadir, convencer o halagar a sus colegas. Sus columnas de la izquierda eran similares.

Al analizar dichas columnas de la izquierda, los directivos comprobaron que cada parte culpaba a la otra de las dificultades, y que para ello empleaban las mismas razones. Por ejemplo, cada parte aducía:

— «Si insistes en tu postura, perjudicarás la moral que he conseguido establecer.»
— «No me digas eso. Sabes muy bien de qué estoy hablando.»
— «¿Por qué no te quitas las anteojeras y ves las cosas desde el punto de vista de la empresa?»
— «Me subleva pensar en lo que creen.»
— «Estoy haciendo todo lo que puedo, pero empiezo a creer que no hay esperanza.»

Estos supuestos ilustran de modo efectivo la influencia de la destreza incompetente. Al elaborarlos, los directivos trataban de no molestar a los demás, al tiempo que intentaban cambiar su opinión. Este proceso exige destreza. Sin embargo, la destreza que emplean en los supuestos provocaba todos aquellos efectos secundarios, no deliberados, de

Supuesto práctico del partidario de los servicios personalizados

Ideas y sentimientos

A él no le va a gustar este tema, pero tenemos que discutirlo. Dudo mucho de que lo enfoque desde la perspectiva de la empresa, pero tengo que ser positivo.

Mejor voy despacio. Hay que facilitar las cosas.

¡Al diablo con que no lo entiendes! Me gustaría encontrar un modo de ser más amable.

Aquí lo tenemos, pensando como un vendedor y no como un alto directivo.

Conversación real

Yo
Hola, Bill. Me complace tener la oportunidad de comentar contigo el problema del conflicto entre los servicios personalizados y los productos. Estoy seguro de que ambos deseamos resolverlo en interés de la empresa.
Bill
Como tú bien sabes, estoy siempre dispuesto a hablar de ello.

Yo
Cada vez son más los casos en los que nuestros clientes piden servicios personalizados y rechazan los productos estandarizados. Me preocupa que tus vendedores vayan a desempeñar un papel cada vez más marginal en el futuro.
Bill
No lo comprendo. Cuéntame más detalles.

Yo
Bill, estoy seguro de que conoces los cambios (se los explico).
Bill
No, yo no lo veo así. Mis vendedores serán la clave para el futuro de la empresa.

Yo
Bueno, exploremos esa cuestión un poco más a fondo.

que he hablado antes. En los supuestos prácticos, los demás acababan molestándose y se mantenían firmes en su postura, sin cambiar de opinión.

Aquí es donde está el auténtico problema. Estos directivos, al igual que todos los demás que he estudiado hasta la fecha, no podían evitar las consecuencias contraproducentes mientras no aprendieran nuevas destrezas. Tampoco daría resultado sortear la destreza incompetente centrándose en los problemas de la empresa como, en este caso, elaborando una estrategia para la misma.

LA RESPUESTA ES OLVIDAR

El paso decisivo es que los directivos empiecen a revisar la postura adoptada ante su supuesto práctico. En su seminario de dos días, cada directivo seleccionó un episodio que deseaba replantear a fin de que no produjera los infelices resultados que actualmente producía.

Al redactar de nuevo sus supuestos, los directivos se dieron cuenta de que tenían que reducir la velocidad de los acontecimientos. No podían imaginar una nueva conversación en las milésimas de segundo a las que estaban acostumbrados a hablar. Esto les preocupó algo, puesto que se mostraban muy impacientes por aprender. Tuvieron que recordarse a sí mismos que aprender nuevas destrezas implicaba reducir su ritmo vital

Cada directivo se encargó de un supuesto distinto elaborado por otro colega y redactó una nueva conversación para ayudar al autor del episodio. Pasados cinco minutos, mostraron su trabajo al autor de la primera versión. En el proceso de debatir esas nuevas versiones, el autor aprendió mucho sobre cómo rediseñar sus palabras. Y, a medida que descubrían los errores en sus sugerencias y la forma como los habían cometido, los nuevos diseñadores también aprendieron mucho.

Los diálogos resultaban constructivos, cooperativos y útiles. Pueden citarse algunos comentarios típicos:

— «Si quieres convencerme, inténtalo como Joe acaba de decir.»
— «Comprendo que tus intenciones son buenas pero esas palabras me afectan en lo más íntimo.»
— «Comprendo lo que estás tratando de decir, pero conmigo no da resultado. ¿Por qué no lo intentas de esta forma?»
— «Me sorprende en qué medida mis nuevas frases contienen los antiguos mensajes. Esto nos llevará tiempo.»

La práctica es importante. La mayoría de la gente necesita tanta práctica para superar un estado de destreza incompetente como para alcanzar un nivel aceptable en el tenis. Pero no tiene que suceder todo al mismo tiempo. Una vez que los directivos se han comprometido a cambiar, la práctica puede llevarse a cabo en reuniones reales en las que los directivos hacen apartes para reflexionar sobre sus acciones y corregirlas.

Pero, ¿cómo es posible que olvidar la destreza incompetente dé lugar a un menor caos empresarial? El primer paso es asegurarse de que los directivos reconocen la existencia de las rutinas defensivas que rodean los problemas empresariales que tratan de resolver. Una forma de hacerlo es observándolos en su propia salsa. Por ejemplo, durante una reunión de altos directivos de staff y de línea en la gran empresa descentralizada de nuestro ejemplo, el DEG preguntó por qué línea y staff tenían problemas para trabajar de modo efectivo. Cuatro causas se identificaron:

— La política y la filosofía de la dirección de la empresa son inadecuadas.

— Las funciones del staff de alta dirección se solapan y producen confusionismo.

— El staff no dispone de autoridad bien definida cuando trata con el personal de línea.

— El staff mantiene contactos insuficientes con los altos directivos de línea.

El DEG nombró dos grupos de trabajo para que pensaran soluciones. Varios meses más tarde, todo el grupo se reunió durante un día entero y diseñó una solución que resultaba satisfactoria para todos.

Esta historia tiene dos aspectos que me gustaría resaltar. Primero, los problemas entre staff y línea son típicos. Segundo, la historia tiene un final feliz. La empresa llegó hasta la raíz de sus problemas.

Pero hay que responder a una pregunta si se quiere llegar hasta las rutinas defensivas de la empresa. ¿Por qué todo el personal directivo —sea cual fuere su nivel— observa, pone en práctica y mantiene al principio políticas inadecuadas y funciones confusas?

¿Por qué destapar ahora este avispero si ya hemos resuelto el problema? Porque las rutinas defensivas impiden a los directivos adoptar decisiones sinceras. Los directivos que son diestros comunicadores pueden ser también muy hábiles encubriendo problemas reales. Si no hacemos todo lo posible por reducir las rutinas defensivas, ellos medrarán, dispuestos a torpedear esta solución y a ocultar otros conflictos.

Cuatro fáciles pasos hacia el caos

¿CÓMO PUEDE ENVIAR MENSAJES AMBIGUOS UN DIRECTIVO? Es algo que exige destreza. Aquí damos cuatro reglas para ello:

1. Diseñe un mensaje claramente ambiguo. Por ejemplo «sea innovador y asuma riesgos, pero con cuidado», es un mensaje que, efectivamente, dice «siga adelante, pero no vaya demasiado lejos» sin especificar cómo de lejos. La ambigüedad y la imprecisión protegen al portavoz que no sabe con antelación en qué consiste ir demasiado lejos.

El destinatario, por otro lado, capta perfectamente la ambigüedad y la imprecisión. Más aún, sabe que una petición de más precisión probablemente será interpretada como signo de inmadurez o inexperiencia. Y los destinatarios pueden necesitar algún día una salida y querrán conservar el mensaje impreciso y ambiguo. Los destinatarios no desean que «lejos» quede definido más claramente de como lo desean los emisores del mensaje.

2. Haga caso omiso de cualquier contradicción en el mensaje. Cuando se emiten mensajes ambiguos, suele hacerse de forma espontánea y sin signo alguno de que el mensaje es ambiguo. De hecho, si parece que dudan, incumplirán su propósito de mantener el control. Y lo que es peor, parecerán débiles.

3. Consiga que la ambigüedad e incoherencia del mensaje resulten indiscutibles. La justificación de un mensaje ambiguo es evitar enfrentarse directamente a una situación. El emisor no desea que se desenmascare la ambigüedad de su mensaje. Un directivo no envía un mensaje ambiguo y luego pregunta: «¿Le parece mi mensaje incoherente y ambiguo?». El directivo consigue también que su mensaje resulte indiscutible por el propio modo tan natural de enviarlo. Poner en tela de juicio la inocencia del remitente es acusarlo de doblez: lo cual no resulta una conducta muy probable en un subordinado.

4. Consiga que la calidad de indiscutible del mensaje sea también algo indiscutible. Uno de los mejores métodos para conseguirlo es enviar el mensaje en un entorno que no resulte propicio para interrogantes abiertos, como una reunión multitudinaria o un grupo en el que se hallen presentes personas de desigual jerarquía en la empresa. Nadie quiere lavar sus trapos sucios en público. Mientras envían mensajes ambiguos durante una reunión, pocas

veces la gente reflexiona sobre sus actos o habla de cómo la cultura de la empresa, incluida la misma reunión, hace dificultoso discutir lo indiscutible.

«Skilled incompetence»
Publicado originalmente en setiembre-octubre de 1986

Los mensajes ocultos que envían los directores

MICHAEL B. MCCASKEY

Resumen

SI UN DIRECTOR EN UNA ORGANIZACIÓN habla de hacer una «carrera final», ¿qué quiere decir con eso? Tal vez que ve la vida en la organización como un juego; o que la considera peligrosa y tal vez se esté nominando para el papel de héroe; o sencillamente que va a seguir adelante con un proyecto, sin importarle un pito lo que piensen los demás. La verdad es que nosotros no sabemos lo que está diciendo. Resulta demasiado fácil tanto interpretar las metáforas que utilizan otros para que encajen con nuestro propio significado como pasar por alto el hecho de que las metáforas tienen significados idiosincrásicos que se deben escuchar. El autor describe tres maneras que utilizan los directores para enviar mensajes sobre ellos mismos y las formas en que ven el mundo. Anima a los lectores a considerar esas maneras —sus metáforas, la disposición de las oficinas, y el lenguaje corporal y el tono con que acompañan sus locuciones— como una forma de comunicarse. Al igual que la oratoria o las matemáticas, estos lenguajes se pueden aprender. Con cierta habilidad, un director puede ver u oír lo

que realmente está ocurriendo cuando la gente habla,
los mensajes ocultos que estamos enviando todo el tiempo. El autor nos ofrece algunas pistas sobre lo que
debemos observar y escuchar para intentar comprender
los de los demás, pero también nos alerta contra interpretaciones demasiado simplistas: todos los mensajes se
producen y se han de interpretar dentro de un contexto
determinado.

En el curso de un día normal, un director general dedica una gran cantidad de tiempo a reunirse y hablar
con gente. Parte sustancial de la comunicación de un
director son las metáforas, el lugar y los movimientos corporales que utiliza. Las metáforas, el emplazamiento y el
lenguaje corporal no son solamente aditamentos de la
comunicación. Llevan implícitos los mensajes; y de hecho,
en algunos casos, son los propios mensajes. Como tal son
tremendamente importantes para un director. Pero aun
así, los directores les prestan escasa atención o lo que es
peor, suponen que no tienen talento en estas áreas. La verdad es que todos utilizamos estas formas de comunicación, seamos conscientes de ello o no. El talento estriba en
saber qué se está comunicando.

Al igual que las matemáticas, la contabilidad o el francés, éstas son materias que se pueden aprender. Con una
práctica inteligente, por ejemplo, una persona puede
aprender a leer y hablar «lugar», es decir, a comprender los
aspectos simbólicos, territoriales e influyentes en el comportamiento de los emplazamientos físicos. Las metáforas,
lugares y lenguaje corporal rara vez ofrecen información
definitiva; pero ofrecen a un director la manera de saber lo
que no está disponible a través de otros canales. Con habilidad en estos lenguajes, un director puede adquirir un

fino instinto y una buena «sensibilidad» para un problema, lo que posibilita una apreciación adicional de sus sutilezas.

Si los directores prestan una estrecha atención a estas características de su vida laboral cotidiana, mejorarán su conocimiento de la comunicación que mantienen con otros. En este artículo, voy a presentar algunas ideas para comprender y practicar los lenguajes y voy a indicar la orientación correcta que el lector puede tomar para aprender más por su cuenta.

Las palabras de los directores y sus metáforas

Un vicepresidente superior de un importante banco de Nueva York está hablando sobre el grupo con el que trabajó anteriormente: «Golpeas la jaula del pájaro y todo el mundo se pasa a otra percha. La gente siempre estaba moviéndose y lo hacía con tanta rapidez y precipitación que me alegré de salir volando de allí antes de que todo se fuera al traste».

Esta metáfora es muy gráfica y dice mucho sobre este hombre y el mundo en el que vive. Si le escuchase un poco más, no le sorprendería descubrir que no tiene la formación tradicional del sector de banca. Se considera un emprendedor y piensa que, aunque la mayoría de ellos van elegantemente trajeados y tienen una formación excelente, los otros ejecutivos del banco no tienen sangre en las venas. En masa (no los considera individuos) «ellos» son «pájaros», lo que da a entender que piensa que son pequeños y posiblemente frágiles y que están enjaulados. Uno puede sentir el alivio que experimentó este hombre cuando le trasladaron a una parte del banco donde podía ser activo, ser él mismo, ser emprendedor.

Cuando uno presta mucha atención a las palabras que usan otras personas, se da cuenta de que la mayoría de las personas trazan imágenes verbales características de ellas mismas y del mundo en que viven. Las imágenes y las metáforas que una persona utiliza con más frecuencia pueden ser pistas para conocer el mundo en que se desenvuelve. Estos expresivos ejemplos de frases coloquiales proceden del mundo deportivo, literario, religioso y de otros campos de interés o formación personales. Las imágenes muestran lo que valora y lo que teme el interlocutor, y las reglas de comportamiento por las que se rige.

He aquí algunos ejemplos de imágenes verbales:

— «Es como una fuga, todo el mundo tiene una partitura diferente que tocar.»
— «Lo que hacemos aquí es nadar contra corriente.»
— «Estoy preparado para esperar hasta que se hiele el infierno.»
— «Un comentario sarcástico más y hubiera explotado.»

El uso recurrente de metáforas podría sugerir que una persona ve la vida en la organización como un juego o que tiene una actitud fatalista ante los resultados. Las metáforas también pueden reflejar una perspectiva optimista, pesimista o incluso confusa. Piense en sus propias metáforas. ¿Se podrían clasificar como rústicas, poéticas o violentas? Tomadas en su contexto, las palabras de las metáforas pueden ser pistas sobre cómo se siente otra persona o sobre lo que considera importante.

Otro punto importante sobre el entorno verbal de los directivos es que las palabras son símbolos, cuyo significado puede variar enormemente dependiendo de quién los utiliza. Este punto es problemático porque parece obvio, pero al mismo tiempo contradice una suposición que normalmente aplicamos a nuestro comportamiento diario. He hablado con directores que asumen que las palabras son entidades y que comunicarse con otros es esencialmente un proceso que consiste en ordenar de manera lógica esas entidades. Dirigen todos sus esfuerzos a encontrar las palabras adecuadas y presentarlas con un hilo de pensamiento estructurado de manera lógica con la intención de persuadir.

No obstante, la mayor parte de la comunicación entre dos personas entraña implícitamente sentimientos y sensaciones. Esas sensaciones van unidas a las diferentes experiencias que connotan las palabras para un individuo. Una conversación típica avanza dando tumbos sin que ninguna de las dos partes preste demasiada atención a las diferentes experiencias y, por lo tanto, los diferentes significados que hay por detrás de las palabras. Tendemos a asumir que todos nos estamos refiriendo a la misma cosa cuando decimos «el jefe», «un buen informe», «una alternativa viable» y «una solución factible» pero la mayoría de las veces no es así.

Cuando uno analiza los malentendidos entre dos directores, frecuentemente descubre que lo que obstruye los canales de comunicación es la suposición mutua de que están utilizando las mismas palabras para hablar de las mismas cosas. Un director general de división de una importante empresa de artículos de consumo estaba en las primeras etapas del intento de inculcar un estilo de dirección en equipo a su grupo de directores superiores. Su vicepresidente de márketing preguntó en una reunión: «Who is driving the bus?» («¿Quién está conduciendo el autobús?»), dando a entender que no lo estaba haciendo nadie. Esto era una metáfora claramente basada en una experiencia conocida, probablemente reforzada por la connotación activa de «conducir» y la inclusión de «bus» (autobús en inglés) en la palabra *business* (empresa, en inglés). Sin embargo, esta pregunta aparentemente clara, provocó un marcado desacuerdo. Lo que el ejecutivo superior entendió que decía el vicepresidente de márketing era que se sentía incómodo porque no había una persona al mando. Eso no era lo que el director de la división había querido decir con dirección en equipo.

La comunicación llega a ser problemática porque la gente no se da cuenta de las maneras más o menos peculiares en que los demás usan las palabras. Como dice Fritz Roethlisberger: «El resultado de esto es que no advertimos las diferencias y vemos similitudes en nuestras experiencias cuando lo que hay en realidad son diferencias».[1]

Con tales diferencias en mente, intente escuchar las conversaciones de una manera algo diferente a la habitual. Podría escuchar las tres siguientes características del entorno verbal:

— ¿Utiliza esa persona palabras concretas o abstractas? Diferentes personas se sienten cómodas con diferentes niveles de abstracción. Algunas personas usan siempre expresiones claras y concretas; otras prefieren palabras que describen estados y situaciones. Un oyente «concreto» sencillamente rechazará —y no se molestará en escuchar— a alguien que hable en un nivel más abstracto y viceversa.

— ¿Bromea y toma el pelo con frecuencia? Las bromas son una de las pocas maneras en que algunos directores permiten que se hagan afirmaciones arriesgadas. Los directores norteamericanos, especialmente, se permiten entre ellos una mayor libertad de acción a la hora de dar a conocer una verdad difícil si la envuelven como parte de un chiste.

— ¿Qué dice con más frecuencia esa persona, «yo» o «nosotros»? ¿Con quién se identifica la persona? ¿A qué grupos está dispuesta a decir: «Necesitamos...»? Además, una persona que al hablar utiliza el plural mayestático «nosotros» para referirse a una acción que obviamente ha llevado a cabo en solitario (a excepción de la realeza y los editores) puede parecer excesivamente pomposa.

La carga emocional que llevan las palabras también se muestra de otras maneras. En una compañía aeroespacial, dos directores estaban en desacuerdo sobre cuál sería la mejor manera de contactar con la dirección superior a fin de conseguir una financiación renovada para un prometedor proyecto de investigación. Por una parte, el director del grupo de investigación quería «ofrecer un menú de opciones». No quería solamente ofrecer algunas variantes sino que también quería especificar el alcance sin plantear de manera evidente lo que estaba en juego. Utilizando la palabra *menú* estaba diciendo en realidad que «a fin de cuentas, todo el mundo tiene que comer algo, la cuestión es qué».

Por otra parte, el director de proyecto quería que la empresa «desenfundara o se rajara». Quería desafiar a la alta dirección a hacer lo que era correcto (es decir, poner una generosa financiación a disposición del proyecto) o a no hacer nada en absoluto. Repleta de matices del salvaje Oeste americano y de peligros palpables, su terminología representa una situación en la que era necesario dar un gran paso —por doloroso o arriesgado que resultase— para la vida a largo plazo del proyecto. En este caso, ambos directores estaban utilizando las palabras como banderas emocionales; sus términos expresan conjuntos muy distintos de suposiciones, valores y lecturas de la misión y filosofía de la empresa.

No obstante, agitar banderas emocionales ante nuestro interlocutor puede constituir un impedimento real para la discusión. Cuando un director aplica un adjetivo peyorativo (como «imprudente», «adulador», «fascista») al punto de vista de otro, lo que está haciendo es etiquetar a esa persona. Con ese etiquetado, una persona utiliza una palabra para impedir o interrumpir el pensamiento; representa una censura tajante. Sin hacer un esfuerzo por entender lo que quiere decir el otro, la persona que utiliza una etiqueta frecuentemente interrumpe cualquier respuesta razonada. Si la etiqueta se expresa como una pulla ingeniosa, la parte ofendida puede encontrar especialmente difícil continuar la discusión en los términos del asunto previo. Un director que sea un tercero en un diálogo de ese tipo puede desempeñar un papel muy valioso identificando las etiquetas e intentando retomar el asunto inicial para que siga la discusión.

Otro aspecto importante del entorno verbal de los directores son las preguntas. ¿Por qué son tan importantes? Frecuentemente las preguntas contienen suposiciones que no solamente estructuran el problema de una manera determinada sino que también tienden a forzar su solución para ajustarse a la suposición implícita.

En el ejemplo utilizado anteriormente, un ejecutivo preguntó: «¿Quién está conduciendo el autobús?». Como ya indiqué, la pregunta tal y como está formulada contiene la suposición de que *una* persona debería estar conduciendo. Pero también contiene la suposición de que alguien más está conduciendo desde el asiento trasero, situación bastante mala en un turismo, pero terrible en el caso de un autobús lleno de conductores desde el asiento trasero. Ambas suposiciones son antitéticas para el concepto de gestión en equipo. Desde el punto de vista del director de división, esa pregunta no era la correcta y fue lo suficientemente inteligente para hacer explícita la suposición de la pregunta y ponerla en tela de juicio.

Pero ¿no hay otros aspectos de las preguntas a los que un director necesita prestar atención? Bien, sí los hay. Las preguntas no son siempre lo que parecen. Algunas, como la que acabo de plantear, realmente son afirmaciones disfrazadas. En algunas ocasiones, Fritz Perls, psicólogo del gestaltismo, se negaba a responder a las preguntas que le planteaban los pacientes. Se los imaginaba como miserables que le incitaban a ser la figura de poder. Quería que la gente reconociera su propio poder y que se enfrentaran a las afirmaciones que necesitaban hacer sin esconderlas detrás de preguntas. Roethlisberger ha notado, además, que algunas (tal vez muchas) preguntas son tan estúpidas que no merecen respuesta.[2]

De todas formas, en Estados Unidos, la gente se siente obligada a responder a una pregunta, aun cuando la respuesta deba depender de si la pregunta es buena, si se ha planteado en el momento adecuado y de si la persona quiere responder. Puede que encuentre revelador el prestar atención a las preguntas que usted y otros plantean en las conversaciones. Verá cómo muchas de las preguntas realmente son afirmaciones. Una pregunta no es tan sencilla como parece.

Finalmente, considerando cómo se revelan las personas a través de las palabras que utilizan, busque el pensamiento «o A o B». Algunas personas suelen estructurar las discusiones en estos términos: algo está bien o mal; o estás conmigo o estás contra mí; un trabajo es bueno o malo.

Diferentes estudios del desarrollo de la mente han descubierto que el pensamiento «o A o B» caracteriza las primeras etapas del desarrollo de un adulto joven. Con el tiempo, la gente descubre que la vida es multidimensional y que no se divide en dos categorías claramente separadas. No obstante, en situaciones de estrés uno puede regresar al pensamiento dicotomizado; llega el momento de «poner de patitas en la calle a esos ladrones» sin investigar si realmente son ladrones o si poner de patitas en la calle a los ladrones es la respuesta más apropiada. Resulta mucho más fácil estereotipar a la oposición —y dejar que el pensamiento y los esfuerzos por comprender terminen ahí— que buscar una verdad más compleja.

Cuando usted se oye a sí mismo o a otro director discutir una situación en términos de A o B, debe recapacitar si, en esa situación, un marco de sólo dos valores no estará planteando opciones falsas. Puede haber maneras de crear sintéticamente una nueva solución que incorpore algo de ambas partes. La discusión luego pasa del pensamiento en términos A o B al pensamiento en términos de «ambos/y».

Las palabras y las metáforas ofrecen pistas para los significados y los importantes valores, suposiciones y experiencias que hay detrás de la elección de palabras de una determinada persona. A continuación voy a examinar cómo el lugar y el carácter de un emplazamiento físico pueden influir en la comunicación entre dos personas.

La oficina y el lugar de trabajo

Dependiendo de quiénes son y de qué tipo de interacción quieren con los demás, las personas utilizan espacios físicos de muy distintas maneras. De todas formas, frecuentemente ocurre que tanto el receptor como el emisor de los mensajes sobre el terreno no son conscientes de lo que se está comunicando. Un director que piensa las cosas un poco más puede entender mejor lo que la gente está diciendo acerca de su utilización del espacio. Los directores también pueden examinar sus propios emplazamientos físicos para ver si su ordenación influye en el comportamiento de manera que atienda sus fines.

Lo primero que hay que comprender sobre el lugar es qué representa un territorio. Los animales marcan el alcance de su territorio y lo defienden de los intrusos, y así lo hacen también los humanos. Barreras, puertas y límites de todo tipo separan lo que pertenece a una persona de lo que pertenece al resto del mundo. Los límites dan seguridad y privacidad, y nos protegen de la invasión por parte de otros (por lo menos los límites dejan claro que no son bienvenidos). Por ejemplo, después de una fuerte nevada en algunos vecindarios de Boston, la gente reclama como suya la parte de la calle en la que han retirado la nieve con pala para poder aparcar. Mientras el coche está fuera, marcarán las parcelas que reclaman con sillas o cubos de basura y se opondrán enérgicamente si alguien intenta colocarse en «su sitio».

Parece muy importante para casi toda la gente tener un sentido de «lo suyo» y de su «casa». Equipos de baloncesto como UCLA y Notre Dame son especialmente difíciles de vencer cuando cuentan con la ventaja de jugar en casa. La casa es conocida, previsible y mía. La importancia de tener nuestro propio espacio se demuestra en un estudio sobre el espacio común llevado a cabo en Coventry, Inglaterra. Al contrario de lo que se podría suponer, aquellas familias que tienen su propio jardín confraternizan mejor que aquellas que cuentan con un jardín compartido.

Al analizar este descubrimiento, un comentarista sugiere: «En los barrios y ciudades pequeñas, la gente tiene más probabilidades de hablar en los patios traseros si la línea divisoria de la propiedad está marcada por una valla. Como esta barrera mantiene la territorialidad, realmente acerca más a los vecinos».[3] Esta observación se hace eco de la famosa frase de Robert Frost: «Las buenas vallas hacen buenos vecinos».

La importancia del lugar como territorio también es clara en las oficinas. Cuando un jefe y un subordinado se reúnen, ¿que despacho utilizan? Si el jefe es sensible al lugar como territorio, la finalidad de la reunión decidirá la cuestión. Para entablar una discusión con oponentes, resaltar la jerarquía y la autoridad o dar instrucciones, el jefe debe celebrar la reunión en su despacho. Sin embargo, si el jefe quiere echar una mano a su subordinado —conversar al nivel de éste— podría pensar en la posibilidad de acercarse hasta la oficina del subordinado.

Conozco a un director que se tomaba el asunto de la territorialidad en la oficina muy a pecho. Justo antes de empezar una dura sesión de negociación en la oficina de otro director, se las arregló para sentarse en el enorme y ostentoso sillón del otro. Dejó claro que estaba ocupando ese asiento comentando lo cómodo del sillón mientras giraba de un lado para otro. El segundo hombre se sentía tan desconcertado por esta táctica nada habitual que perdió la ventaja de sentirse en su terreno.

Al mismo tiempo que el lugar define la territorialidad, otras características del emplazamiento también influyen en la conducta, incluyendo la cantidad y tipo de interacción entre las personas. Thomas Allen, del MIT, ha estudiado las pautas de comunicación en las oficinas de I+D. Ha descubierto que si la distancia entre dos personas es superior a 20 o 25 metros la interacción personal desciende considerablemente.[4] Esto da a entender que un director debe colocar juntas a las personas de la organización que tengan más necesidad de hablar unas con otras. Si está poniendo en marcha un nuevo equipo, coloque a los miembros clave cerca, aunque esto signifique sacrificar espacio de estatus para algunos miembros. Cuando los directores más jóvenes comprenden la dinámica de la propincuidad, procuran colocar su despacho lo más cerca posible del despacho del jefe.

Un director puede utilizar el espacio de su oficina para influir en el carácter de las interacciones que se producen en ella. Por ejemplo, muchos directores organizan su despacho con dos áreas diferentes. En una, el director habla desde un lado de la mesa con una persona que está sentada al otro lado. Esta disposición enfatiza la autoridad y posición del director. Es probable que un subordinado sienta que en este caso el jefe ejerce la ventaja de jugar en casa. En una segunda área, las sillas están agrupadas alrededor de una mesa de café o colocadas en ángulo recto unas con otras. Como esta disposición señala un deseo de eliminar las diferencias jerárquicas, fomenta un diálogo más libre y tal vez reuniones más sociables.

Los directores de una importante empresa de servicios financieros que conozco son el ejemplo perfecto de cómo las personas tienen reacciones instintivas a los emplazamientos físicos. Tienen una clara preferencia por utilizar una de las cuatro salas de conferencias, que son todas iguales excepto por las mesas. Tres de las salas tienen mesas rectangulares que se pueden mover para formar un cuadrado o ponerlas en forma de U; la cuarta y más utilizada tiene una mesa redonda. Por razones que tienen que ver con la cultura y normas de esta organización, los directores prefieren trabajar unos con otros alrededor de la mesa redonda.

Los emplazamientos físicos se pueden utilizar también de otras maneras para controlar las interacciones entre las personas. Un comprador de una empresa de electrónica ubicada en un edificio que carecía de ascensor deliberadamente puso su despacho en el tercer piso. Cuando un vendedor llegaba a recepción, en la planta baja, siempre se le decía: «El comprador le recibirá inmediatamente». El vendedor entonces tenía que subir 45 escalones hasta el despacho del comprador y, cuando todavía estaba sin aliento y algo desorientado, el comprador le daba la bienvenida.[5] El emplazamiento físico estaba diseñado, en este caso, para controlar la interacción, que se iniciaba de tal manera que el vendedor estaba en desventaja.

El impacto que estas disposiciones tienen en la gente es coherente con lo que los antropólogos culturales han observado en relación con el sentido del espacio personal de la gente. Edward T. Hall ha constatado que las personas de diferentes culturas tienen diferentes opiniones sobre lo que constituye una distancia cómoda para la conversación. Su investigación muestra que mientras los ingleses y alemanes mantienen una distancia mayor que los norteamericanos cuando hablan, los árabes y japoneses se acercan más. Hall también identifica cuatro distancias básicas para la interacción: espacio íntimo (del contacto físico a los 45 cm); espacio personal (de 45 cm a 1,2 m); espacio social (de 1,2 m a 3,5 m) y espacio público (de 3,5 m en adelante).[6]

Con sillas en ángulo recto la gente puede moverse con mayor facilidad en el espacio personal de los demás. Cuando hay una mesa situada entre dos personas, la interacción pasa del espacio personal al espacio social. El contenido y la naturaleza de la comunicación entre dos personas cambia considerablemente cuando esas personas pasan de una zona espacial a otra. Por lo tanto, como resultado de la disposición de los muebles, las personas se suelen sentir más o menos distantes, en ambos sentidos del término.

El emplazamiento físico también influye en el comportamiento porque simboliza el status de los ocupantes. Los directores saben esto y en ocasiones uno ve las terribles batallas que se libran a cuenta del espacio físico en las organizaciones cuando sus miembros rivalizan por la manifestación visible de un fenómeno más sutil y elusivo:

el poder y la influencia. John Dean notó esto en sus primeros días en la Casa Blanca:

«Según Bud y yo pasábamos por delante de las oficinas de los miembros del staff de la Casa Blanca, me di cuenta de que estaban cambiando de sitio muebles y archivadores. La Casa Blanca, bastante más que cualquier otra dependencia oficial, estaba en un estado de perpetuo flujo interno. Las oficinas se cambiaban y se alteraban continuamente...

»Todo el mundo maniobraba para conseguir un puesto cerca del presidente, e incluso un observador no muy experimentado podría descubrir cambios minúsculos de estatus. El éxito y el fracaso podían verse en el tamaño, decoración y ubicación de los despachos. Cualquiera al que trasladaran a un despacho más pequeño estaba cayendo. Si había un carpintero o un empapelador trabajando a destajo en la oficina de alguien, era señal de que ese alguien estaba subiendo. Todos los días, los obreros se desplegaban por el complejo de la Casa Blanca como un ejército de hormigas. Los agentes de mudanzas estaban siempre ocupados con los continuos traslados de muebles de un despacho a otro, a medida que los funcionarios llegaban o eran ascendidos, degradados o despedidos. Aprendimos a interpretar los cambios de despacho como un índice de las luchas internas por conseguir el poder burocrático».

Siguiendo las pautas de la Casa Blanca, el primer despacho de Dean tenía un aspecto cutre. Cuando se quejó, le dijeron que era temporal, que Haldeman todavía no había decidido dónde ponerle: «No fue necesario que me dijeran lo que estaba ocurriendo. Me estaban poniendo a prueba y mi actuación determinaría lo que iba a conseguir. Estaba en el peldaño más bajo de la escalera, e instintivamente, empecé a subir».[7]

Desde el punto de vista del director, el control sobre los enseres personales mejora el poder y la autoridad. O, dependiendo de cómo utiliza su despacho, el director puede enfatizar otros valores que considera esenciales para la excelente actuación de la compañía.

Ken Olsen y otros directores superiores de Digital Equipment Corporation han creado una de las empresas de miniordenadores con más éxito del mundo. Sus oficinas en un antiguo pabellón distan mucho de ser grandiosas. En ocasiones separadas por tabiques de contrachapado, las oficinas son fieles a los sencillos y espartanos inicios de la empresa. Estas instalaciones envían mensajes muy claros a los directores y los visitantes: en DEC lo más importante es el trabajo arduo y la funcionalidad. Algunos pueden no estar de acuerdo con la elección de los directores de DEC ahora que tienen tanto éxito, pero, pese a quien pese, revelan el alcance posible a la hora de utilizar el espacio físico para respaldar y transmitir los valores esenciales de la organización.

Aunque resulta más fácil verlo cuando se visita otra organización, podría hacer un examen de la suya y observar los mensajes que usted envía mediante el uso que hace del espacio físico. Intente hacer un recorrido como si se tratara de otra empresa. ¿Qué cantidad de espacio (y de información) está encerrado? ¿Hay archivos, teléfonos y despachos cerrados con llave? ¿Con qué grado de sutileza marcan el estatus las diferencias en el tamaño, ubicación y decoración de los despachos?

Vea los tablones de anuncios. Si están extremadamente pulcros y si las noticias se deben firmar, los empleados no se sentirán libres para garabatear sus propias notas o para poner dibujos. ¿Hay una cafetera o alguna otra cosa que sirva como «abrevadero» o están las personas aisladas unas de otras por la distribución de la oficina? Una lectura informada del lugar puede revelar mucho sobre lo rígida que es una empresa, su nivel de jerarquía, si son conscientes de la reglas, si se fomenta la expresión individual y qué valora la empresa.

La mayoría de los individuos estructuran su espacio de oficina para fomentar ciertos tipos de interacción y, consciente o inconscientemente, envían mensajes sobre sí mismos. Cuando entro en el espacio de una persona por primera vez, me fijo en si ha personalizado el lugar con fotos de familia, mentores, amigos o de sus lugares favoritos. ¿Qué está declarando esa persona sobre sí misma? ¿Quiénes son las personas especiales y el tipo de cosas que le gusta tener alrededor?

Cuando entre por primera vez en una oficina o una casa, fíjese en las texturas. Si la persona tuvo posibilidad de elegir, ¿utilizó tejidos táctiles, alfombras de gran espesor, colchas que invitan al visitante a acariciarlas? Esta persona puede estar indicando el deseo de «estar en contacto», de interactuar a una distancia más cercana. O ¿están las superficies limpias, pulidas y suaves? ¿Parece que el propietario prefiere el orden para mantener las interacciones a más distancia? Usted podría fijarse en sus propios espacios de la misma manera e intentar leer los mensajes que otros podrían encontrar sobre usted y su estilo preferido de interacción.

Lenguaje corporal y paralingüístico

Al igual que los emplazamientos físicos, el lenguaje corporal y la paralingüística encierran importantes mensajes que matizan, respaldan o contradicen las palabras que utiliza la gente. Envían mensajes no verbales, aunque en el caso de la paralingüística (que incluye el tono de voz, ritmo y otras características extralingüísticas que rodean la conversación) pueden implicar sonidos.

Un director de proyecto de una importante compañía aeroespacial convocó una reunión de miembros de la alta dirección que respaldaban su proyecto de investigación. En consonancia con la política de la empresa expresada en reiteradas ocasiones y consistente en explotar a nivel comercial el trabajo de investigación avanzada, quería que ellos financiasen a nivel interno el desarrollo de un nuevo producto. Al principio de la reunión, cuando empezó a esbozar los elevados costes implicados, advirtió desaprobación en las expresiones faciales y posturas corporales. Su intuición le dijo que si les pedía que tomasen una decisión explícita sobre el proyecto, ésta sería negativa. De manera que cambió su línea de razonamiento y empezó a destacar la posibilidad de financiar el proyecto a nivel externo en lugar de hacerlo a nivel interno. Y constantemente evitó pedir una decisión de financiación en ese momento.

Este tipo de comunicación no verbal y ajuste se produce a diario en la empresa, pero con frecuencia pasa inadvertida. Los mensajes que son clave para una situación —pero que los participantes creen que no se pueden reconocer pública o verbalmente— se envían a través de estos canales. Como los mensajes no verbales son ambiguos y sutiles, uno puede reinterpretarlos o negarlos. Paradójicamente, tales mensajes pueden ser más seguros y ciertos precisamente porque no son precisos. En la compañía aeroespacial, tanto el director de proyecto como la alta dirección tenían sus propias razones para mantener la conversación en un nivel ambiguo.

Últimamente se han comentado varios libros en la prensa popular que proclaman que hay que eliminar la ambigüedad del lenguaje corporal. Ofrecen una única traducción para muchas expresiones faciales y posturas corporales. Por ejemplo, los brazos cruzados sobre el pecho «significan» que el oyente tiene la mente cerrada ante lo que su interlocutor está diciendo. Este tipo de interpretación simplista constituye una lamentable utilización de la investigación erudita sobre la comunicación no verbal. Ningún gesto tiene un único significado invariable. Los investigadores han destacado que el significado de cualquier gesto depende de normas culturales, estilo personal, emplazamiento físico, lo que ha ocurrido antes y lo que ambas partes prevén para el futuro.

Aun cuando la persona y el contexto son bastante conocidos, uno debe tener cuidado a la hora de interpretar el lenguaje corporal. Recientemente pasaba por el vestíbulo de una empresa con un empleado de un gran fabricante. Nos cruzamos e intercambiamos saludos con un hombre llamado Jim que volvía de una reunión donde le habían anunciado su nuevo puesto. Su cara estaba desencajada y su forma de andar y su porte carecían del brío habitual.

Posteriormente, durante la comida, pasamos un rato comparando nuestras lecturas del comportamiento no verbal de Jim, en busca de explicaciones alternativas y preguntándonos lo que cada posibilidad podría significar para el futuro del departamento. Las interpretaciones de este tipo se deben hacer con mucho cuidado y siempre con carácter provisional. Podríamos descubrir, por ejemplo, que Jim tenía la gripe y que esa era la principal razón de su comportamiento no verbal.

Tener presente que los lenguajes no verbales son útiles (porque son ambiguos) y la necesidad de interpretar los significados dentro de un contexto, nos permite ver cómo un director puede aprender a leer lenguajes no verbales con un mayor grado de comprensión. Para muchos, la cara es el espejo más evidente de los sentimientos; de hecho, tan evidente que solemos usar la expresión, «lo llevaba escrito en su cara». Algunas investigaciones indican que la expresión facial, junto con el tono de voz, representa más del 90% en la comunicación entre dos personas. Por lo tanto, el sentido literal de las palabras representa solamente alrededor de un 10% de la comunicación.[8]

La mejor manera de mejorar la capacidad de lectura de expresiones faciales es ver cintas de vídeo o películas mudas (o con el sonido a cero) y fijarse en la cara de las personas cuando hablan. Ver si elevan o fruncen las cejas, se les dilatan las pupilas, si mueven o arrugan la nariz, si aprietan los labios, si enseñan los dientes o aprietan las mandíbulas. Tomando un ejemplo, las pupilas dilatadas suelen significar que el oyente está interesado en lo que usted dice; la contracción de las pupilas suele indicar que no le gusta lo que usted le dice.

Pero leer la expresión facial es un proceso complejo porque la cara muestra frecuentemente una mezcla de varios sentimientos a la vez, que iguala la mezcla de sentimientos que la persona puede estar experimentando en su interior.

El contacto visual es una de las maneras más directas y eficaces que tiene la gente de comunicarse no verbalmente. En la cultura estadounidense, las reglas sociales sugieren que en la mayoría de las situaciones el contacto visual durante un breve período de tiempo es apropiado. El contacto visual prolongado normalmente se considera amenazador o, en otro contexto, una señal de interés romántico. La mayoría de los directores son conscientes de que miran directamente a los miembros individuales de la audiencia para mejorar el impacto de su presentación. No obstante, algunos no son conscientes de lo importante que es el contacto visual cuando están escuchando. Un buen oyente debe ser físicamente activo para demostrar que está prestando atención.

En la población blanca de Estados Unidos, la regla general es que la *persona que habla* en una conversación debe encontrar una manera de romper el contacto visual y mirar a otra parte. El oyente muestra atención pasando relativamente más tiempo mirando a la persona que habla. Como a la persona que está hablando le resulta más difícil continuar, surgen dificultades de comunicación si el oyente desvía la mirada con demasiada frecuencia. Conocer el impacto que puede tener el hecho de desviar la mirada puede ayudar a un director a señalar cuánto tiempo desea que siga hablando la otra persona.

Por ejemplo, en situaciones en las que el jefe desea escuchar lo que tiene que decir el subordinado, debe ser cuidadoso ofreciéndole el estímulo de la atención visual, moviendo la cabeza y afirmando con alguna expresión como «hum hum» mientras el otro habla. Incluso sin decir palabras, un director está enviando mensajes no verbales sobre la profundidad de su comprensión y grado de empatía.

Las normas tácitas sobre las pautas de contacto visual varían entre los diferentes grupos raciales. Para los negros y chicanos desviar la mirada no significa necesariamente la falta de atención que podría significar entre los interlocutores blancos. Un hombre de negocios blanco y joven aprendió esta lección en su primer año como director de una filial en una comunidad predominantemente chicana. Estaba recriminando a un empleado llamado Carlos, por un error que se repetía en los datos sobre existencias. Según intentaba discutir el asunto, Carlos apartaba la mirada. El director se enfadó y dijo: «Míreme cuando le esté hablando». El joven almacenero intentó establecer contacto visual, pero no podía mantenerlo durante mucho tiempo.

Al director, esto le pareció una falta de respeto y posiblemente de desafío. Pero el almacenero (siguiendo sus propias normas culturales) consideraba que era una señal de falta de respeto mantener la mirada de su jefe mientras éste le echaba en cara su error. Después de que Carlos se mostrara francamente desconcertado el director se dio cuenta de que el comportamiento de Carlos no constituía una falta de respeto. Tales pautas de comportamiento no verbal son enormemente variables entre diferentes culturas y grupos, por lo que uno ha de tener mucho cuidado a la hora de generalizar. Suponer que todo el mundo sigue las mismas reglas puede llevarnos a interpretaciones erróneas.

Las características paralingüísticas de la conversación ofrecen otros medios muy eficaces para sintonizar con los sentimientos de otro. ¿Cómo se dice algo? El paralenguaje incluye el tono y calidad de voz, la entonación, el ritmo de la conversación y sonidos como suspiros o gruñidos. Los directores pueden tratar el paralenguaje como la música de la comunicación, para observar cómo la voz de una persona se tensa o se entrecorta en pasajes difíciles o se acelera y se eleva en momentos de gran emoción. Sorprendentemente, con frecuencia la voz de otra persona se puede escuchar mejor sin información visual que la acompañe. Como los mensajes verbales pueden constituir una distracción (una sobrecarga) o una contradicción de la música del paralenguaje, en las reuniones cara a cara no atendemos tan de cerca como podríamos a esta valiosa fuente de datos.

Los directores deben notar las pausas y silencios así como el ritmo de la conversación. Los silencios pueden tener una amplia gama de significados. En un extremo, la gente los utiliza como arma o táctica para cerrar una venta o buscar la conformidad, esperando hasta que el otro está suficientemente desconcertado para hacer una concesión hacia sus posiciones. Utilizada de otro modo, una pausa en la conversación puede ser un regalo muy valioso que da tiempo a la otra persona para reconsiderar cuidadosamente sus pensamientos y sentimientos. El comportamiento no verbal que utiliza una persona durante el silencio puede ayudarnos a descubrir si pretende conseguir un efecto u otro.

Un tipo especial de pausa es la *pausa llena*, en la que la persona que habla utiliza un sonido como «uhhh» para llenar los espacios entre palabras. El sociólogo Erving Goffman comenta que las pausas llenas se utilizan para «ofrecer continuidad, demostrar que la persona que habla está todavía pendiente de finalizar la réplica aunque en ese momento no puede dar con las palabras exactas para hacerlo».[9] Una pausa llena es una señal con la que el interlocutor conserva el uso de la palabra, es como si de hecho dijera: «No interrumpan, todavía estoy hablando».

Los mensajes ocultos del lenguaje corporal y el paralenguaje no tienen que ser los mismos que los del lenguaje verbal; y, de hecho, es poco probable que se dé una correspondencia de uno a uno. Pero en situaciones en las que el objetivo es alcanzar una comunicación abierta y plena, los mensajes no verbales deben añadirse a los verbales de una manera razonable y formal. Cuando una persona se comunica bien, el lenguaje corporal va en consonancia con las palabras. Los movimientos más pequeños como mover la cabeza, las manos o desviar la mirada marcan una pausa, enfatizan un punto o expresan cierta duda o ironía por lo que dice el otro. Para indicar mayores cambios de idea, la persona que habla cambiará su postura corporal.[10] Por lo tanto, el comportamiento no verbal sirve como signos de puntuación para el mensaje verbal que se está enviando.

En momentos de buen entendimiento, se puede desarrollar una pauta destacable de la comunicación no verbal. Entre dos personas, una será el espejo de los movimientos de la otra y viceversa, dejando caer una mano o inclinando el cuerpo *exactamente* al mismo tiempo.[11] Esto ocurre tan deprisa que sin la reproducción de una grabación en vídeo u otro tipo de filmación resulta difícil notarlo. Pero los directores pueden aprender a detectar interrupciones en este reflejo porque son espectacularmente obvias cuando se producen. Cuando en medio de una conversación una persona piensa que la otra infringe sus expectativas o valores, frecuentemente mostrará desazón. Si por las normas o diferencias de estatus no es adecuado expresar desacuerdo o dudas verbalmente, entonces el mensaje se enviará mediante «tropezones» no verbales.

En lugar de reflejos tranquilos, surgirá un estallido de movimiento, como si ambos estuvieran perdiendo el equilibrio. Brazos y piernas pueden extenderse al tiempo que cambia toda la postura corporal con objeto de recuperar el equilibrio.[12] Los tropezones reflejan la necesidades de renegociar lo que se ha discutido. La renegociación se produce rápida y sutilmente y con frecuencia a través de canales no verbales. Los directores que son conscientes de los tropezones y de lo que significan tienen ante ellos una opción abierta con la que no cuentan los demás directores. Pueden decidir si una situación dada podría tratarse con más eficacia si se debatiera verbalmente.

Como en el caso de otros idiomas, un director puede aumentar la capacidad de enviar mensajes no verbales mediante una práctica inteligente. Un enfoque muy útil consiste en aislar y estudiar un canal cada vez. Como en un encuentro cara a cara se recibe a través de varios canales más información de la que una persona puede atender, a efectos de aprender, esa persona debe centrarse en un conjunto de detalles cada vez. Aislando los canales se puede apreciar mejor la complejidad y riqueza de cada canal.

Por ejemplo, una manera en que los directores pueden aumentar su capacidad de escuchar y agudizar su apreciación del lenguaje corporal es viendo grabaciones de vídeo de su propio comportamiento y del comportamiento de los demás o viendo la televisión sin sonido. Oír grabaciones de audio y escuchar la música del paralenguaje también es instructivo.

Los canales no verbales frecuentemente transmiten mensajes demasiado delicados para la comunicación verbal explícita. Como los mensajes son sutiles, ambiguos y con frecuencia provisionales, deben captarse con precaución a fin de descubrir su riqueza potencial. Estos mensajes ocultos refuerzan o contradicen lo que se proclama verbalmente y por lo tanto pueden ayudar a un director consciente a captar el sentido de una situación.

Captar los mensajes

Una de las maneras en que un director puede adquirir soltura en los tres lenguajes es trabajar con un grupo pequeño. Con frecuencia, resulta instructivo para los directores probar algunas de las soluciones propuestas a un problema de gestión desempeñando diferentes papeles mientras los otros miran. Con frecuencia, los observadores se quedarán sorprendidos por la rapidez con que pueden decir si uno de los actuantes se siente atacado o está intentando confundir al otro. Aun cuando quien representa un papel crea que está ocultando su incomodidad o impaciencia, los observadores leen los mensajes ocultos con bastante claridad, aunque los propios actuantes no sean conscientes de ello.

De aquí surgen dos lecciones. Primera, para quienes se sienten incómodos al pensar que pueden estar traicionándose, resulta muy difícil censurar estos mensajes. Los «divulgan» de una manera u otra. Si intentan censurarlos sólo consiguen aumentar la confusión de señales y desviar energía a la que podrían dar mejor uso orientándola para comprender lo que está pasando. En segundo lugar, el lenguaje corporal, la paralingüística y las metáforas son siempre parte de una interacción. Los mensajes están ahí para que se lean. Con la práctica un director puede mejorar su capacidad para leer y enviar estos mensajes, incluso hasta el punto de ser capaz de prestarles atención en medio de una situación específica.

En resumen, ninguno de estos tres lenguajes por sí solo ofrece un mensaje claro sobre las personas que los utilizan. Pero acumulativamente pueden formar la base para que se verifiquen impresiones y corazonadas mediante un análisis posterior. Nuestros marcos físicos, como la ropa que vestimos, las palabras que pronunciamos y los gestos que hacemos, comunican a otros cosas sobre nosotros e influyen en la consideración con que los demás nos tratan. Seamos o no conscientes de ello, nuestras interacciones con la gente se verán afectadas por lo que lleguen a saber de nosotros por medio de las metáforas, marcos y lenguaje corporal que utilicemos, y por lo que nosotros lleguemos a conocer de ellos.

Notas

[1] Fritz J. Roethlisberger, *Management and morale* (Cambridge, Massachusetts: Harvard University Press, 1941), pág. 98.

[2] Roethlisberger, *Management and morale*, pág. 100.

[3] David Dempsey, «Man's hidden environment», *Playboy*, mayo de 1972, pág. 108.

[4] Thomas J. Allen, «Communication networks in R&D laboratories», *R&D Management*, vol. 1, 1970, pág. 14.

[5] Luise Cahill Dittrich, «The psychology of place», ICCH 9-476-086, distribuido por Intercollegiate Case

Clearing House, Soldiers Field, Boston, Massachusetts, 02163.

6 Edward T. Hall, *The hidden dimension* (Nueva York: Doubleday, 1966).

7 John W. Dean III, *Blind ambition* (Nueva York: Simon & Schuster, 1976), pág. 29.

8 Albert Mehrabian, «Communication without words», *Psychology Today*, septiembre de 1968, pág. 52.

9 Erving Goffman, *Frame analysis: an essay on the organization of experience* (Nueva York: Harper & Row, 1974), pág. 543.

10 W. S. Condon y W. D. Ogston, «A segmentation of behavior», *Journal of Psychiatric Research*, vol. 5, 1967, pág. 221; y Albert E. Scheflen, *How behavior means* (Garden City, Nueva York; Doubleday, 1974).

11 Ray L. Birdwhitsell, *Kinesics and context* (Filadelfia: University of Pennsylvannia Press, 1970).

12 Frederick Erickson, «Gatekeeping and the melting pot: interaction in counselling encounters», *Harvard Educational Review*, vol 45, febrero de 1975, pág. 44.

«The hidden messages managers send»
Publicado originalmente en noviembre-diciembre de 1979

El autor quiere dar las gracias a Luise Cahill Dietrich por su ayuda en una primera versión de este artículo que se publicó en la obra de Anthony G. Athos y John J. Gabarro, Interpersonal behavior: communication and understanding in relationships *(Englewood Cliffs, Nueva Jersey: Prentice-Hall, 1978).*

Cómo informar y cambiar a los empleados de primera línea

T.J. LARKIN Y SANDAR LARKIN

Resumen

¿ESTÁ PLANIFICANDO UN CAMBIO IMPORTANTE en su organización? Si es así, hay muchas probabilidades de que haya organizado una gran reunión, conferencias conmovedoras, vídeos y ediciones especiales del boletín de la empresa. Eche el freno. Este tipo de comunicación no da buen resultado. Si usted quiere que el personal cambie la manera en que hace su trabajo, debe cambiar primero la manera en que usted se comunica con ellos.

Basándose en su propia investigación y en la investigación de otros expertos en comunicación durante las pasadas dos décadas, los autores argumentan que los directores superiores —y la mayoría de los asesores en temas de comunicación— se han negado a escuchar lo que los trabajadores de primera línea intentan decirles: cuando usted necesita comunicar un cambio importante, deje de comunicar valores, comuníquese cara a cara y dedique la mayor parte del tiempo, dinero y esfuerzo a los supervisores de primera línea.

Los empleados de primera línea no quieren descubrir de qué va el cambio viéndolo en vídeo. Ni quieren enterarse leyéndolo en el boletín de la empresa, al que consideran muy poco fiable y normalmente incomprensible. Tampoco se conseguirá el efecto deseado con reuniones masificadas. Los empleados pueden aceptar el cambio, pero no aceptarán eslóganes carentes de sentido.

Aunque las investigaciones demuestran que los empleados de primera línea prefieren recibir información de su supervisor —la persona que tienen más cerca— las empresas siguen recurriendo a ejecutivos carismáticos para inspirar a las tropas. ¿Por qué no da resultado esto? Porque los supervisores de primera línea son los verdaderos líderes de opinión de cualquier empresa. Los directores superiores pueden discutir un cambio cara a cara con los supervisores, que pasarán la información a sus subordinados. La comunicación entre los supervisores de primera línea y los empleados es la que más cuenta para cambiar el comportamiento donde más importa: en la primera línea.

La MAYORÍA DE LOS CONSEJOS QUE SE DAN A LOS EJECUTIVOS sobre cómo comunicar el cambio es errónea. Normalmente los consejos se reducen a *más*: más valores, misiones y visión; más vídeos, boletines y reuniones; más intervenciones de los ejecutivos, que se desplazan de centro a centro de trabajo como cómicos de la legua. Este tipo de comunicación no da resultado. ¿Por qué iba a querer alguien más comunicación de este tipo?

La mayoría de las cosas que ya están haciendo los ejecutivos no solucionarán sus problemas de comunicación. La experiencia práctica y décadas de investigación sugieren un nuevo enfoque. En 1993, Wyatt Company (ahora Watson Wyatt Worldwide) investigó a 531 organizaciones estadounidenses que estaban experimentando una importante reestructuración. Wyatt preguntó a los DEG: ¿Si pudieran dar marcha atrás y cambiar una cosa, cuál sería?

La respuesta más frecuente fue: la manera en que me he comunicado con mis empleados. La próxima vez que tenga usted que comunicar un cambio importante a sus empleados de primera línea, hágalo de diferente manera. Comunique solamente hechos; deje de comunicar valores. Comuníquese cara a cara; no se apoye en vídeos, publicaciones o reuniones masificadas. Y diríjase a supervisores de primera línea; no permita que los ejecutivos presenten el cambio a los empleados de primera línea.

Antes de seguir adelante, vamos a aclarar dos puntos. Primero, nuestros consejos están relacionados con la comunicación del tipo de cambio al que se enfrentan la mayoría de las empresas cada cinco o diez años. Estamos hablando del cambio que es necesario porque la supervivencia de la empresa puede estar en juego, no de los cambios operativos cotidianos. En segundo lugar, nuestros consejos están relacionados con llegar y cambiar a los empleados de primera línea en grandes empresas. Los empleados de primera línea como cajeros de banco, conductores de camiones, procesadores de formularios de seguros, los empleados de mostrador de compañías aéreas, soldadores e instaladores telefónicos son las personas que hacen el producto o que prestan el servicio. Si usted quiere que estas personas cambien la manera en que hacen su trabajo, usted debe cambiar la manera en que se comunica con ellos.

Dejar de comunicar valores

La tentación de cubrir un cambio con el disfraz de un valor es irresistible. Pero el impulso de comunicar sus valores es una prueba positiva de que no está actuando conforme a ellos. La única manera eficaz de comunicar un valor es actuar de acuerdo con él y dar a otros el incentivo de hacer lo mismo. Por ejemplo, si usted valora el servicio al cliente, entonces el reclutamiento, las evaluaciones de actuación, los ascensos y las primas se deben basar en la actuación del servicio al cliente. La creación de unas medidas objetivas para tal actuación demostrará sus valores de manera mucho más clara que lo que pueden hacer sus palabras.

Dejar de hablar de valores ya es en sí mismo un cambio radical, especialmente considerando que, de acuerdo con el estudio de Wyatt, el 68% de las empresas consideran que las misiones y valores son su prioridad de comunicación número uno. Nosotros estamos apelando a su intuición y sentido co-

Si usted rompe la regla según la cual los valores se comunican mejor con acciones que con palabras, sus empleados le castigarán.

mún. Imagine que se reúne con un interlocutor empresarial por primera vez. Esta persona le da una tarjeta y dice: «Quiero que conozca mis valores. Están escritos aquí: prometo no mentir, engañar o robar durante cualquiera de las transacciones comerciales que realicemos». ¿Le hace sentir cómodo? No, más bien le hace sospechar y esto es así porque la gente revela sus valores a través de sus acciones, no a través de sus palabras. Hablar de valores indica que hay un fraude cerca.

Lo que es cierto para las personas es cierto para las empresas. En 1992, el Jensen Group, una organización dedicada a la comunicación de la gestión del cambio, con sede en Morristown, Nueva Jersey, investigó a 23 grandes empresas estadounidenses, incluyendo American Express, AT&T, Chemical Bank, IBM, Johnson & Johnson, Mobil, Texaco y Warner-Lambert. El 70% de las empresas habían revisado su misión empresarial durante una reciente reestructuración; sólo el 9% creía que revisar su misión le había ayudado a alcanzar los objetivos de la reestructuración.

Si usted rompe la regla según la cual los valores se comunican mejor con acciones que con palabras, sus empleados le castigarán. Hemos visto a empleados cambiar eslóganes como «Calidad en todo lo que hacemos» por «Calidad es todo lo que falsificamos»; «Creencias que compartimos» por «[Taco] que compartimos»; y «Trabajar con orgullo» por «Trabajar para [Taco]». Usted podría preguntarse: ¿Debemos abandonar nuestra campaña de misión por los comentarios resabiados de un puñado de cínicos? La pregunta niega la realidad. El grupo de trabajadores de primera línea no está salpicado por un puñado de cínicos; es cínico en su totalidad y hasta la médula. De acuerdo con un estudio de Philip Mirvis y Donald Kanter publicado en el número de otoño de 1989 de *National Productivity Review*, el 43% de los empleados cree que la dirección embauca y miente. En su investigación, Mirvis y Kanter descubrieron que el grupo de trabajadores de primera línea es el grupo más cínico de todos.

La última oleada de reducciones de plantilla ha hecho que esta situación, que ya era mala de por sí, empeore. Un estudio que llevó a cabo en 1994 el Council of Communication Management muestra que el 64% de los empleados cree que la dirección miente constantemente. Como informaba el *Wall Street Journal* (2 de noviembre de 1992), dos terceras partes de los directores superiores de personal encuestados por Right Associates, una empresa de consultoría de recursos humanos con base en Filadelfia, dijeron que los empleados confiaban todavía menos en la dirección después de una reestructuración. Afróntelo: los empleados deducirán lo que usted valora a partir del comportamiento que usted demuestre. Adoptarán los valores de usted solamente si están convencidos de que esos valores los capacitarán para alcanzar sus metas personales. La propaganda no ayudará.

De hecho, puede ser perjudicial. En una gran compañía manufacturera que estaba pasando por importantes cambios, miles de empleados asistieron personalmente a un acto en el que los directores superiores desvelaron una nueva misión. Varios miles más presenciaron esa declaración vía satélite. El eslogan «Confianza, trabajo en equipo y futuro» estaba desplegado en una gran pancarta detrás del estrado del portavoz. Cuando los empleados abandonaron la presentación recibieron bolígrafos, gorras y tazas con las iniciales del eslogan. Sin embargo, cuando volvieron al trabajo, en todos los tablones de anuncios se encontraron con una carta del sindicato dirigida a los trabajadores. Esta carta, muy bien documentada, acusaba a la empresa de contratar investigadores privados para vigilar a los empleados sospechosos de robar, de consumir drogas o de presentar partes de incapacidad laboral falsos. La carta afirmaba que los investigadores vigilaban a los empleados tanto durante como después del trabajo y que vigilaron a algunos empleados incluso durante el acto de presentación de «Confianza, trabajo en equipo y futuro».

Los ejecutivos se lanzaron al rescate de la nueva misión. Se pidió la presencia de consultores de relaciones públicas para «explicar a los empleados que la contratación de investigadores privados para observarlos no implica necesariamente una falta de confianza». La tragedia del ejemplo de «Confianza, trabajo en equipo y futuro» no es la vergüenza que pasaron los ejecutivos, sino el perjuicio que causaron a los cambios dignos de haber salido adelante que contenía la campaña del valor. Los cambios en sí eran aceptables para la mayoría de los empleados. Las palabras vacías no.

La solución es comunicar los hechos, solamente los hechos. Los miembros de la alta dirección integrados en los equipos para el cambio deben explicar con la menor cantidad posible de palabras lo que tienen previsto hacer. Deben presentar esos hechos por escrito. Este breve resumen se convertirá en un manual para el cambio que guiará la comunicación cara a cara entre los directores superiores y los supervisores y entre los supervisores y los empleados de primera línea.

Los manuales para el cambio que se muestran en el documento «Manuales para el cambio: sin eslóganes, sin amenazas, sin arengas» fueron entregados por los directores superiores a los supervisores de primera línea en reuniones cara a cara. Ambos ejemplos provienen de empresas con las que hemos trabajado. El primer manual para el cambio lo utilizó un banco que estaba creando centros regionales de banca para empresas y trasladando a sus grandes clientes de sucursales de barrio a los centros regionales. El segundo ejemplo es de una empresa manufacturera que estaba preparando el despido de más de 2.000 empleados. Estos manuales prácticamente no se pueden leer, pero es que no se pretende que se lean. Se han confeccionado para explicarse y discutirse. Dése cuenta de las cosas que no tienen estos ejemplos: puntuación, frases, eslóganes, amenazas, arengas. No contienen nada más que hechos.

No comunicarse con los empleados durante un importante cambio en la organización es el peor error que una compañía puede cometer. Vea las conclusiones de tres amplios estudios sobre la comunicación durante fusiones y adquisiciones: en períodos de gran tensión e incertidumbre, la gente llena los vacíos de comunicación con rumores; los rumores acaban atribuyendo los peores motivos posibles a quienes están al mando; y la comunicación

Manuales para el cambio: sin eslóganes, sin amenazas, sin arengas

<table>
<tr><td valign="top">

Centros de banca para empresas

Grandes clientes de empresa sacados de sucursales.

Trasladados a los centros de banca para empresas.

Grandes = préstamos de más de 250.000 $ y/o saldos de más de 250.000 $.

Los traslados empezarán a principios de mayo y acabarán en septiembre.

Los clientes de empresa pueden permanecer en sus sucursales.

El cliente debe llamar al director de banca para empresas.

El director de banca para empresas debe liberar al cliente.

El banco quiere trasladar todos los clientes que sea posible a los nuevos centros.

Las sucursales remitirán nuevos clientes a los centros de banca para empresas.

El 25% de los préstamos o depósitos se volverán a abonar en los libros de las sucursales.

Los centros de banca para empresas no tendrán efectivo.

Las transacciones que necesiten efectivo deben pasar por una sucursal.

</td><td valign="top">

Reducción de plantilla

Se despedirá a 2.300 empleados.

Se empezará el 4 de noviembre.

Todos habrán dejado la empresa para el 20 de enero.

Sólo como estimación:
- 200 jubilaciones anticipadas.
- 1.100 bajas voluntarias.
- 1.000 bajas forzosas.

Si se van menos voluntariamente:
Se irán más forzosamente.
El fijo es 2.300 puestos menos.

¿Quién selecciona a los forzosos?
Supervisor de cuadrilla (uno o más).*
Superintendente de turno.
Director de recursos humanos.

* El supervisor de cuadrilla participará si ha estado un año o más supervisando a los empleados desde 1990.

</td></tr>
</table>

reduce la tensión y ansiedad de los empleados aun cuando las noticias sean malas. En otras palabras, la incertidumbre es más dolorosa que las malas noticias.[1]

Pero, podría decir usted, nuestro cambio es demasiado complicado para comunicarlo con un estilo intrascendente. Entonces, simplifique el cambio. En grandes organizaciones, los límites de lo que usted puede comunicar como hechos son también los límites de lo que puede hacer. La solución es sencilla: elimine todas las palabras innecesarias. Evite las declaraciones de misión y las proclamas de la dirección. Diga a los empleados, directa y exactamente, lo que tiene previsto hacer.

Comuníquese cara a cara

La mejor manera de comunicar un gran cambio a los empleados de primera línea es hacerlo cara a cara. No utilice vídeos o circuitos de vídeo, no presente el cambio en una publicación de la empresa y no celebre reuniones de carácter multitudinario con todos los empleados de primera línea.

VÍDEOS

Durante los últimos 15 años, el vídeo ha experimentado un notable crecimiento como medio para comunicarse con los empleados. Este crecimiento es un desafío al hecho de que los empleados realmente no quieren ver vídeos. En Estados Unidos, el vídeo ocupa el undécimo puesto entre 14 métodos de comunicación, de acuerdo con los estudios realizados conjuntamente por la International Association of Business Communicators y Towers, Perrin, Forster & Crosby (ahora Towers Perrin) en 1980, 1982 y 1984 y por TPF&C en 1990. De acuerdo con un estudio llevado a cabo en 1989 por Industrial Society, una organización de formación con base en Londres, los empleados británicos colocaron el vídeo en el puesto decimotercero entre 16 maneras posibles de recibir información. El 60% de las grandes empresas británicas han utilizado vídeos para comunicar cambios importantes, de acuerdo con un estudio llevado a cabo en 1993 por el Institute of Management, una asociación comercial británica, aunque el 75% de esas empresas creen que los vídeos no son eficaces. Nuestra propia investigación sobre estudios de comunicación durante los últimos 20 años sugiere que en Canadá, Australia, Estados Unidos y Gran Bretaña, los empleados prefieren la comunicación cara a cara en lugar del vídeo en una proporción de dos a uno.

Prescinda de la investigación; utilice su intuición. Una cadena estadounidense de pizzerías necesita comunicar un importante cambio a los empleados y opta por hacerlo distribuyendo un vídeo. ¿Qué ocurrirá? ¿Los adolescentes que preparan las pizzas se pondrán la gorra, se atusarán el pelo, colocarán las sillas cerca del televisor, cruzarán los brazos y escucharán seriamente al ejecutivo? ¿O se reirán, imitarán al busto parlante, harán chistes y tirarán a la pantalla aros de peperone? Sugerimos que el único lugar donde realmente se produce la primera escena es en la mente de los ejecutivos superiores y que probablemente fueron algunos consultores de comunicación quienes implantaron originalmente tal imagen en dichas mentes.

Por el horizonte se aproxima una amenaza todavía peor que las cintas de vídeo: la compresión de vídeo digital. Esta nueva tecnología reduce el coste de un canal de vídeo por satélite de unos 150.000 dólares al mes a sólo 15.000 dólares al mes. La calidad mejorada de la imagen y el coste reducido capacitará a los ejecutivos de empresa a transmitir sus mensajes en vivo y luego responder a las preguntas mediante conexiones de doble vía. El peligro de esta tecnología es que los ejecutivos superiores la utilizarán. Delante de los focos y las cámaras, los ejecutivos recurrirán a su saco de eslóganes y sacarán a relucir todas esas frases vacías que, mal usadas, dan asco: «agradar a nuestros clientes», «hacernos los mejores del mundo», «trabajar juntos como una familia». Luego abrirán el turno a un improvisado e imprevisto flujo de preguntas de los trabajadores de primera línea. En esta situación, es de prever que las preguntas y los comentarios serán de alguna de estas tres clases:

— La pregunta ridículamente específica: «Nuestro proveedor embala la sal en paquetes de 18 kg. Eso es demasiado pesado. ¿Podría hacer algo al respecto?» A esa pregunta hay solamente una respuesta: «Tendré que hablar con su director local y ya le haré saber la respuesta».

— El comentario pelotillero: «Parece un gran reto, pero puede contar conmigo». Este comentario parece inocente, pero no lo es. El departamento de comunicación se pasará las dos siguientes semanas intentando convencer a todo el mundo de que no obedeció a un contubernio con el pelota de turno.

— La diatriba que refleja odio a la dirección: Ésta es una breve parrafada que profiere un empleado especialmente amargado cuya ira solamente se ve sobrepasada por su propia capacidad retórica. La parrafada es algo así como: «La gente suele estar orgullosa de trabajar para su empresa. Pero ya no. Nosotros confiamos en ustedes y ustedes nos han jeringado. Todo el mundo sabe que la moral en este lugar está por los suelos. Todo lo que hace esta empresa es utilizar a la gente y luego se deshace de ella. ¿Cómo se pueden mirar al espejo? Después de cómo han tratado a la gente, deberían sentirse avergonzados». Mientras tanto, el 99% de los empleados de la empresa agachan la cabeza y susurran, «¡Que desastre!» Y el desastre al que se refieren no es la diatriba llena de odio, sino el hecho de que la dirección diera la palabra a un individuo tan descarado.

Incluso antes de la primera perogrullada de la dirección, incluso antes de los comentarios irrelevantes, incrédulos o incendiarios de los empleados, se ha cometido un terrible error. Una presentación en vídeo necesariamente requiere una audiencia. Ése es su defecto inevitable. Cuando los empleados de primera línea prevén un cambio importante, cuando cada vez están más tensos y preocupados, cuando su sangre empieza a calentarse, lo último que hay que hacer es reunirlos a todos en un gran grupo. En su obra de 1896, *The crowd,* el sociólogo francés Gustave Le Bon describió la «intensificación de las emociones» y la «inhibición del intelecto» cuando los individuos forman una multitud. Piense en ello la próxima vez que esté ensayando delante del TelePrompTer antes del gran anuncio.

PUBLICACIONES

Al contrario que un vídeo, la publicación de la empresa no requiere que se reúna una multitud. Pero en opinión de los empleados de primera línea tiene dos grandes fallos: no es digna de confianza y habitualmente resulta incomprensible.

En medio de un gran cambio a principios de la década de 1990, Whirlpool pidió a sus empleados que evaluaran la publicación de la empresa *Vision.* Como se informó en un artículo de Peter Moore, publicado en el número de marzo de 1994 de *Communication World,* solamente el 20% pensaba que la publicación de la empresa era «valiosa y verídica». Probablemente, los empleados de Whirlpool fueron demasiado generosos. Un estudio llevado a cabo en 1992 por Mercer Management Consulting entre 200 directores de la función de comunicación con el personal demostró que el 70% se referían a sus publicaciones como «intentos de decir la verdad» y menos del 15% dijeron que las publicaciones reflejaban toda la verdad.

El proceso basado en la publicación de la empresa es una garantía infalible de que el cambio organizacional propuesto ni se va a creer ni se va a comprender. Piense en ello: un redactor entrevista a los directores implicados y escribe una historia sobre el cambio. Luego la entrevista se presenta a unos 12 ejecutivos superiores para que la comenten. Cada ejecutivo llama al redactor y hace algunas vagas sugerencias para mejorar el artículo. Cuando el redactor empieza con la versión final, la audiencia a la que se dirige ya no son los trabajadores de primera línea sino los ejecutivos superiores, cada uno de los cuales buscará evidencias de su influencia en el artículo definitivo. El producto final es un compromiso increíblemente bien redactado y elaborado, pero inocuo y nada claro.

Muchas empresas ponen barreras adicionales a la eficaz comunicación escrita. Como informa Stephen Anderson en un artículo del número de abril de 1994 de *Communication World*, GM/Saturn exige que todas las publicaciones para empleados las confeccionen conjuntamente la dirección de GM/Saturn y el sindicato United Auto Workers. Se añade otro estrato de supervisores, intérpretes y censores, y se debe satisfacer a más gente con poder.

Piense en lo que ha hecho GM/Saturn, especialmente en vista de que las propias investigaciones de GM demuestran que sólo el 8% de los empleados prefiere al sindicato en lugar de la propia empresa como fuente de información. La falta de confianza en los sindicatos no se limita solamente a UAW. De acuerdo con la investigación de Dennis Taylor sobre empresas australianas fuertemente sindicadas, que se publicó por el Servicio de Publicaciones del Gobierno Australiano en 1982, sólo el 45% de los empleados creían que el sindicato decía la verdad habitualmente o siempre, mientras que el 96% manifestó que sus supervisores decían la verdad habitualmente o siempre. Indudablemente GM/Saturn está intentando mejorar la comunicación pero sólo está añadiendo otra entidad de la que desconfiar.

De nuevo, utilice su sentido común. Un día en el que se reparta el boletín de la empresa, visite las instalaciones de primera línea. ¿Van a toda prisa los empleados a la oficina del supervisor, cortan la cuerda que ata el montón de boletines y se ponen a pasar páginas apresuradamente en busca de un artículo sobre un cambio venidero? No. Estas personas no son tontas. Saben de sobra que la información de todos los artículos ha sido seleccionada, cualificada, recortada, suavizada, atemperada e «inflada».

Los vídeos y publicaciones pueden ser instrumentos útiles, pero no para presentar un cambio importante a los empleados de primera línea. Los vídeos, por ejemplo, pueden transmitir información técnica que sea inmediatamente aplicable. Federal Express difunde vídeos sobre las mejores técnicas para embalar y enviar paquetes frágiles. El Servicio de Correos de EE. UU. hace vídeos que muestran a los empleados de mostrador cómo calcular los precios

En opinión de los empleados de primera línea, las publicaciones de la empresa tienen dos defectos: no son merecedoras de confianza y habitualmente son incomprensibles.

cuando cambian las tarifas. Los vídeos también resultan útiles cuando los empleados piden información que no es inmediatamente relevante para ellos. Por ejemplo, después de la terrible fuga de productos químicos en Bhopal, India, los empleados de Union Carbide de todo el mundo quisieron saber cómo se había producido la tragedia y qué estaba haciendo la empresa al respecto. El departamento de comunicación de Union Carbide pasó de hacer 4 vídeos al año a hacer 45. Ese tipo de vídeos sí es adecuado.

De manera similar, las publicaciones también pueden ser valiosas. En el mejor de los casos, las publicaciones pueden servir de pauta para discusiones informales cara a cara. Ésta es la finalidad de los manuales para el cambio descritos anteriormente.

Pero su publicación no es suficiente. Cuando un cambio requiere que los empleados de primera línea lleven a cabo su trabajo de manera diferente, esa información se debe dar a conocer cara a cara, primero en conversaciones entre los directores superiores intervinientes en el cambio y los supervisores de primera línea y luego en conversaciones entre los supervisores y sus subordinados de primera línea.

Muchos directores creen que con reuniones masificadas conseguirán lo que se proponen. Están equivocados.

REUNIONES

Muchos directores son conscientes de que la comunicación debe ser cara a cara pero creen que unas reuniones masificadas les servirán para ello y les ahorrarán tiempo. Esto es inexacto. La comunicación cara a cara no significa ni debe significar reuniones masificadas cuando uno tiene que comunicarse con los empleados de primera línea.

Pare un momento. Vamos a preguntar a los expertos cuál es la mejor manera de comunicarse con los empleados de primera línea. ¿Quiénes son los expertos? No son asesores de renombre. Los expertos son los supervisores de primera línea, las personas que se comunican con los empleados de primera línea a diario. Los investigadores rara vez preguntan a esos supervisores cómo les gusta que se transmita la comunicación. Uno de los pocos que tuvo el acierto de hacerlo así es Janice A. Klein. Su estudio «Why supervisors resist employee involvement» (*Harvard Business Review*, septiembre-octubre de 1984) muestra que el 85% de los supervisores evitan las reuniones y prefieren la comunicación personalizada.

¿Por qué? Los supervisores saben que cualquier reunión con los trabajadores de los talleres puede degenerar en una sesión de quejas. Los supervisores saben que, como personas, los trabajadores son razonables y cooperantes. Sin embargo, en grupo prevalece una actitud diferente. ¿Qué supervisor cree que es una buena idea pedir a los empleados del taller que se solidaricen *públicamente* con una iniciativa de la dirección? Los supervisores saben que a cualquier empleado que defienda los cambios propuestos por la dirección le considerarán un secuaz de la empresa.

Los profesionales de la comunicación se aferran a la teoría del *big bang* de la comunicación. Y dicen: «Pues claro que hubo comunicación. ¿No estuviste en el Gran Acto?» En la creencia de que los grandes actos generarán entusiasmo y demostrarán el compromiso de la organización, los comunicadores profesionales se ocupan de la preparación. Organizan el horario de la reunión, reservan salas, contra-

Sí, los rumores normalmente son inexactos. Pero comprenda esto respecto a los rumores: el método de transmisión es perfecto.

tan personal eventual para sustituir a los empleados durante la reunión, preparan montones de transparencias e inscriben a los supervisores en los inevitables cursos de formación en técnicas de comunicación.

La DEG de una gran compañía estadounidense disfruta contando esta historia: su chófer, de buen humor como siempre, la recoge en casa y la lleva a la oficina. A lo largo del trayecto, la DEG en silencio se enfrenta a su temor de que será necesaria una reducción de plantilla. Al llegar a la oficina, convoca una reunión del equipo de dirección y expresa su preocupación en una sala con las puertas cerradas. Sin una mejor actuación de la empresa, dice, tendremos que empezar a despedir empleados. Abandona la reunión, coge el ascensor, llega al sótano del garaje y se mete en el coche. El chófer, con lágrimas en los ojos, se da la vuelta y le pregunta: «¿Cuánto tiempo me queda?».

La historia exagera sólo ligeramente la sorprendente velocidad con que los rumores se extienden en las grandes empresas. Pero, ¿cómo? ¿Quién planifica las reuniones de rumores? Sin sustitutos ni horas extras, ¿cómo encuentran tiempo los empleados para pasar de unos a otros los rumores? ¿Quién redacta los rumores en transparencias? Y ¿dónde están los formadores que ofrecen a los supervisores cursos para recordar y afianzar las técnicas de comunicación de rumores?

La verdad está ahí, pero nos negamos a verla. Los vídeos, publicaciones y reuniones no mueven información en las empresas; la inhiben. La manera más eficaz de comunicarse es informalmente, cara a cara, personalmente. El problema de los rumores es su falta de precisión. Ésa es la razón de que la comunicación personalizada deba estar basada en hechos y confirmada por escrito. Pero comprenda esto acerca de los rumores: el método de transmisión es perfecto.

Seleccionar a los supervisores de primera línea

Las primeras palabras que los empleados escuchan sobre cualquier cambio normalmente provienen de una fuente cercana a la central: un director superior, un boletín de la empresa o un vídeo. Teniendo en cuenta la inveterada desconfianza y hostilidad con que el personal de primera línea suele ver la actuación de la central de la empresa, esa práctica resulta extraña. Independientemente del tipo de cambio —fusión, reestructuración, reducción de plantilla, reingeniería, introducción de nuevas tecnologías, o una campaña de servicio al cliente— las primeras palabras que los empleados de primera línea oyen acerca del cambio deben provenir de la persona de quien más cerca se sienten: su supervisor.

Tal vez los empleados en su empresa no tengan malos sentimientos hacia los directores superiores. ¿Tiene dudas? Pruebe a preguntar. En medio de los grandes cambios que se produjeron a principios de la década de 1990, muchas empresas preguntaron a los empleados qué pensaban de la dirección superior. Los empleados de Colgate-Palmolive describieron al equipo de dirección superior como carente de liderazgo, sin una clara orientación, inepto para trabajar bien en equipo y desconectado de los clientes. Los empleados del Royal Bank of Scotland dijeron que los directores eran autoritarios y no sabían tratar bien a los empleados, exigían más de lo que daban y se negaban a escuchar. Los empleados de British Telecom dijeron que tenían poca confianza en la dirección superior y que los últimos cambios eran malos para ellos a nivel personal, malos para los empleados de BT a nivel general y malos para BT como empresa. Los empleados de Whirlpool sencillamente dijeron: «No confiábamos en ustedes antes y no confiamos en ustedes ahora». La relación entre los directores superiores de Rank Xerox y los empleados se describió como desastrosa.[2]

Esas empresas no tienen que sentirse avergonzadas. La tendencia hacia sentimientos cada vez más negativos sobre la dirección superior trasciende el ámbito de cualquier empresa o país en particular. Las empresas mencionadas anteriormente han sido suficientemente valientes para hablar de ello. Las personas que deben sentirse avergonzadas son los consultores de comunicación que siguen recomendando la puesta en marcha del cambio

Una investigación acreditada desde la década de 1940 indica que los supervisores de primera línea son vitales para el éxito de cualquier esfuerzo en pro del cambio.

desde arriba, a pesar de tales descubrimientos. Cuando se acerca el momento de anunciar un cambio importante, los consultores se agolpan en la puerta del despacho de los directores superiores y dan el mismo consejo: «Usted tiene que ser más visible»; «Tienen que verlo como el impulsor de este cambio»; «Los empleados necesitan saber que usted no se ha escondido en el bunker». Esta estrategia puede ayudar a los directores superiores en su relación con los directores intermedios, pero no les ayudará a ganarse a los empleados de primera línea. La verdad es que asociar visiblemente con el cambio a los ejecutivos superiores aumenta frecuentemente la resistencia entre los empleados de primera línea.

Durante años, los empleados nos han dicho que prefieren recibir información de sus supervisores inmediatos que de los directores superiores. Sencillamente nos hemos negado a escuchar. Los estudios realizados conjuntamente por la International Association of Business Communicators y el gabinete Towers, Perrin, Forster & Crosby en 1980,

1982 y 1984 y por TPF&C en 1990 llegaron, todos ellos, a la misma conclusión: los empleados estadounidenses y canadienses prefieren a sus supervisores inmediatos como fuente de información. La Industrial Society descubrió que los empleados británicos tienen la misma preferencia. De acuerdo con un estudio llevado a cabo en 1993 por International Survey Research, una organización con sede en Chicago que realiza encuestas de opinión entre los empleados, el supervisor es la fuente de información preferida para los trabajadores europeos. Las investigaciones que han llevado a cabo las empresas a nivel interno durante las dos últimas décadas muestran el mismo resultado: Ameritech, AT&T, Cadbury Schweppes, Exxon Chemical, GE, General Tire, GM, Hewlett-Packard y Santa Fe descubrieron que el supervisor inmediato es la fuente de información preferida. Y rara vez una investigación habla de manera tan clara. ¿Cómo respondería usted a estos descubrimientos? Dedique el 80% de su tiempo, dinero y esfuerzo de comunicación a tratar con los supervisores.

Ésa es una recomendación radical. El enfoque tradicional pasa por lanzar el cambio desde arriba con la esperanza de que la comunicación sobre el cambio se abra como un paracaídas, envolviendo a todo el mundo por igual. Pero los supervisores de primera línea —no los directores superiores— son los líderes de opinión de la organización. Como los supervisores de primera línea tienen una gran influencia en las actitudes y comportamientos de los demás, son críticos para el éxito de cualquier esfuerzo en pro del cambio. Esta constatación, tan radical para los asesores de comunicación, se basa en una investigación sobre comunicación acreditada desde la década de 1940. En aquella época, Paul Lazarsfeld, Bernard Berelson y Hazel Gaudet escribieron *The people's choice*, obra en la que identifican la función crucial de los líderes de opinión a la hora de modificar el comportamiento. De nuevo, nos hemos negado a escuchar.

Las reuniones informativas para los supervisores son una manera eficaz de ganarse la aceptación de los supervisores. Las reuniones informativas para los supervisores se celebran cara a cara entre un director superior que trabaja en el cambio y un pequeño grupo de supervisores de primera línea. Normalmente estas reuniones se celebran en dos rondas. En la primera ronda, el director superior explica el cambio y los supervisores hacen recomendaciones. (Véase la tabla «Pida opinión a los supervisores».) Después de esta ronda, el director superior informa de las recomendaciones al equipo para el cambio de la dirección

Pida opinión a los supervisores

La primera ronda de conversaciones con los supervisores: recoger recomendaciones.

Qué hacer	Por qué
Un director superior se reúne con un grupo de entre ocho y diez supervisores.	No dar la impresión de tener miedo a los subordinados y de que necesita viajar en grupo.
Lleva una sencilla hoja de papel (y copias para todo el mundo) dividida en dos partes: se quiere cambiar y no se quiere cambiar.	No juega con estas personas. Si no tiene intención de cambiar alguna cosa, lo deja claro desde el principio.
Describe puntos en la columna de lo que no se quiere cambiar; pide recomendaciones para los asuntos incluidos en la columna de lo que se quiere cambiar.	No está ahí para discutir, defender o evaluar. Su trabajo consiste en escuchar las opiniones de los supervisores e informar acerca de ellas al equipo para el cambio de la dirección superior.
Nunca cede el poder de decisión. Deja bien claro que la última palabra sigue siendo la del equipo para el cambio de la dirección superior.	Está ahí para recoger las opiniones de los supervisores, no para obtener su permiso.
Nunca debe permitir que la reunión se prolongue más de 90 minutos.	Los supervisores pueden impacientarse. Entra, hace lo que tiene que hacer y se marcha.

superior y el grupo intenta introducir el máximo posible de recomendaciones en el plan. Recuerde, el grado de apoyo que le presten los supervisores dependerá del número de sus recomendaciones que se utilicen. Éste es el momento adecuado para una transacción.

En la segunda ronda de reuniones informativas, el director superior informa del estado de las recomendaciones y explica el plan final. (Véase la tabla «Déles los hechos, sólo los hechos».) Deje que pasen unas dos semanas después de la segunda ronda de reuniones informativas y luego publíquelo en el boletín y en las hojas informativas de la empresa.

Las reuniones informativas con los supervisores pueden no parecer revolucionarias, pero lo son. En una

---

Déles los hechos, sólo los hechos

La segunda ronda de reuniones informativas con los supervisores: dar cuentas.

Qué hacer	Por qué
El mismo director se reúne con los mismos supervisores.	Los supervisores no quieren tratar con un ente abstracto, como es «la dirección»; quieren tratar con una persona.
Lleva una sencilla hoja de papel (y copias para todo el mundo) en la que se enumeran las recomendaciones de los supervisores. Junto a cada una de ellas, hay una breve explicación de por qué se acepta o se rechaza.	No pretende convencer a los supervisores; sencillamente les informa de lo que ha pasado con sus recomendaciones.
Responde a las preguntas pero no las rebate o defiende excesivamente.	
Entrega un manual del cambio a cada supervisor.	Prepara a los supervisores para las conversaciones cara a cara que mantendrán con sus subordinados.
Describe las principales partes del cambio tal y como vienen detalladas en el manual del cambio.	

empresa que instituya tales reuniones informativas, un empleado de primera línea que quiera saber lo que está

Max era el tipo de supervisor que podía indicar a su equipo cómo arreglar una máquina, sólo con oír por teléfono el ruido que hacía al funcionar.

ocurriendo sólo tiene una manera de obtener la información: preguntando al supervisor. Y esa información probablemente se comunicará de persona a persona y con las propias palabras del supervisor. Sin una gran reunión, sin un gran anuncio, sin espectáculo itinerante por parte de los ejecutivos, sin conferencias vía satélite. Todos los recursos que anteriormente se gastaban en comunicar indiscriminadamente se destinan ahora a comunicarse con los supervisores, a quienes se da información, influencia y, por lo tanto, más poder y categoría. Como resultado, hay más probabilidades de que ayuden a poner en marcha el cambio.

Max, el supervisor

Max es un supervisor en una acería compacta. El departamento de personal dice que Max tiene los peores empleados de la empresa. ¿Cómo lo saben? Le han dado los peores empleados. El departamento de Max también tiene el tiempo de inactividad más bajo, muy pocos problemas de disciplina, la tasa de absentismo más baja y el mejor historial de seguridad de la empresa.

La fama de Max es formidable. Según cuentan, en una ocasión los trabajadores de mantenimiento estaban bajo una tremenda presión para reparar una máquina de colada continua y, lamentablemente, Max estaba de vacaciones. Por fin, a las dos de la madrugada los trabajadores le localizaron en una taberna a cientos de kilómetros de distancia. Los mecánicos acercaron el teléfono a la máquina estropeada y Max estuvo escuchando durante varios minutos sin hablar. A continuación Max estuvo dando instrucciones por teléfono durante una hora y la máquina empezó a funcionar perfectamente.

La empresa de Max está pasando por un cambio importante, técnico y cultural. Una tarde, la acería quedó parada. Cerca de 400 trabajadores de primera línea se reunieron en la cafetería. Bajo una pancarta que rezaba «Acero: Nuestro futuro», los directores superiores anunciaron una serie de nuevas inversiones de capital para la instalación de sistemas de inyección de carbón pulverizado, pruebas para fundición de palanquilla fina y un horno eléctrico. Posteriormente, los directores superiores describieron los cambios culturales.

Max, sentado junto a su equipo, oye por primera vez que la empresa ya no tendría supervisores. Los supervisores se convertirían en FE (facilitadores de equipo). El departamento de mantenimiento de Max iba a pasar a ser un EAC (equipo de acción de comité). Todos los empleados de primera línea iban a contar con autonomía para remitir OMC (oportunidades de mejora de calidad). A Max le dicen que se le ayudará en la transición cultural: los profesores de una universidad dirigirán cursos para ayudarle a «evolucionar» y pasar de «jefe» a «facilitador de las OMC de sus EAC».

¿Es ésta la mejor manera de comunicar estos importantes cambios a Max? ¿Debe sorprender que tenga dudas acerca de la competencia de los directores superiores de la empresa? Pero no hay que culparles a ellos; son expertos en acero. Culpe a sus asesores de comunicación. Aunque el lanzamiento de «Acero: Nuestro futuro» es embarazoso, no es una tragedia. La tragedia está todavía por producirse.

En los días siguientes a la presentación, trabajadores de primera línea se acercan hasta la desvencijada oficina de Max. Asoman la cabeza y preguntan: «¿Qué piensas?» Éste es el momento que importa. Lo que ocurrió en la cafetería carece de importancia. Lo que ocurra en la oficina de Max determinará cuánto tiempo hará falta para amortizar esta masiva inversión en equipo nuevo. A continuación de la presentación, los asesores de comunicación hacen la maleta y se vuelven a casa. Creen que la comunicación ha terminado. Y lo que no saben es que la verdadera comunicación todavía no ha empezado.

Así pues, ¿qué dirá Max? No tiene información interna. No sabe más que los empleados de primera línea. Al parecer, las opiniones de Max no tienen importancia. En lugar de tratarle como alguien importante, la dirección lo eludió y contactó directamente con sus subordinados y luego lanzó sobre él toda una carga de tecnicismos. Las únicas palabras dirigidas específicamente a los supervisores fueron una amenaza: «En la empresa no habrá sitio para los supervisores que no realicen debidamente la transición a facilitadores de equipo». ¿Qué va a decir Max acerca del cambio? Pues va a decir, «Es una [taco]». Ésa es la tragedia.

La campaña «Acero: Nuestro futuro» pasa por alto su principal reto: conseguir el apoyo de la primera línea para la nueva tecnología. La primera línea tiene toda la razón para retirar su cooperación. De hecho, la primera línea tiene 800 razones: el número de puestos de trabajo eliminados de la división de Max como resultado de las anteriores inversiones de capital. Los trabajadores creen que retrasar su puesta en marcha puede posponer la pérdida subsiguiente de puestos de trabajo. Retrasarlo unos cuantos meses sería bueno; pero retrasarlo durante años sería todavía mejor.

Durante la presentación, el DEG dijo que no estaba previsto que la tecnología sustituyera a los trabajadores. Pero los trabajadores necesitan oír que Max cree que no está previsto que la nueva tecnología elimine puestos de trabajo. Y eso solamente ocurrirá si los directores convencen a Max y a sus colegas supervisores.

No exageremos el daño causado por la mala comunicación. La empresa de Max acabará por poner en práctica los cambios. La primera línea acabará por convencerse de que el objetivo no es reducir los puestos de trabajo. Y la empresa entregará mejor acero y más deprisa a sus clientes. No obstante, el problema es que los cambios consumirán más tiempo del que hubiera sido necesario. En su artículo «Why some factories are more productive than others» (*Harvard Business Review*, septiembre-octubre de 1986), Robert H. Hayes y Kim B. Clark describen fábricas en las que hasta dos terceras partes del aumento de productividad gracias al nuevo equipamiento se produjo como resultado del aprendizaje de los empleados. Los empleados experimentan con el nuevo equipamiento y luego lo modifican junto con los equipamientos conexos. De acuerdo con Hayes y Clark, si la nueva tecnología no tiene una buena aceptación, las metas de rendimiento sobre la inversión se pueden retrasar hasta un año. El equipo de Max estará deseoso de aprender todo lo necesario sobre la nueva tecnología si Max la respalda. Y hay más probabilidades de que Max lo haga si la empresa lo trata como una fuente vital de información y como un líder de opinión.

Nuestros consejos se contradicen con la cacareada imagen del carismático ejecutivo animando a las tropas con arengas enardecidas, pero tienen mucho sentido para los trabajadores de primera línea de cualquier organización. Los directores superiores se deben dar cuenta de que los empleados cambiarán la manera en que hacen su trabajo solamente si se enteran de lo que se espera de ellos a través de una fuente conocida y fidedigna. La comunicación entre los supervisores y empleados de primera línea cuenta el máximo para el cambio de conducta allí donde más importa: en la primera línea.

Notas

1 David T. Bastien, «Common patterns of behavior and communication in corporate mergers and acquisitions», *Human Resources Management*, primavera de 1987; Jeanette A. Davy, Angelo Kinicki, Christine Scheck y John Kilroy, «Acquisitions make employees worry», *Personnel Administrator*, agosto de 1989; David M. Schweiger y Angelo S. Denisi, «Communication with employees following a merger: a longitudinal field experiment», *Academy of Management Journal*, marzo de 1991.

2 Para tener más datos sobre Colgate-Palmolive, véase de Isadore Barmash, «More substance than show» *Across the Board*, mayo de 1993; para más datos del Royal Bank of Scotland, véase de Mary Williams, «Fair comment», *Personnel Today*, marzo de 1993; para más datos sobre British Telecom, véase «Natural selection: BT's programme of voluntary redundancy», *IRS Employment Trends*, abril de 1993; más datos de Whirlpool en el artículo de Peter Moore «Turning the tide at Whirlpool», *Communication World*, marzo de 1994; datos de Rank Xerox en el artículo de Heather Falconer «Keeping staff in the know», *Personnel Today*, marzo de 1992.

«Reaching and changing frontline employees»
Publicado originalmente en mayo-junio de 1996

Cómo pueden mantener un buen debate los equipos de dirección

KATHLEEN M. EISENHARDT,
JEAN L. KAHWAJY Y
L.J. BOURGEOIS III

Resumen

LOS DIRECTORES DE ALTO NIVEL SABEN que el conflicto sobre determinados asuntos es natural e incluso necesario. Los equipos gestores cuyos integrantes ponen en tela de juicio las ideas de unos y otros alcanzan una comprensión más completa de sus opciones, crean una gama más rica de alternativas y toman mejores decisiones.

Pero el reto —familiar para cualquiera que haya formado parte de un equipo gestor— es evitar que el conflicto constructivo por determinados asuntos degenere en un conflicto interpersonal.

A partir de su investigación sobre la interacción del conflicto, el politiqueo y la rapidez en el proceso de toma de decisiones de los equipos gestores, los autores han elaborado un conjunto de seis tácticas características de los equipos con una excelente actuación:

- Trabajan con más, que no con menos, información.
- Desarrollan alternativas múltiples para enriquecer el debate.
- Comparten metas comúnmente acordadas.
- Se esfuerzan por inyectar humor en el lugar de trabajo.
- Mantienen una equilibrada estructura de poder en la empresa.
- Resuelven los asuntos sin forzar el consenso.

Estas tácticas funcionan porque mantienen los conflictos centrados en asuntos concretos; fomentan las relaciones de colaboración, más que las de competencia, entre los miembros del equipo; y crean una sensación de equidad en el proceso de toma de decisiones.

Sin conflictos, los grupos pierden su eficacia. Los directores se aíslan frecuentemente y sólo mantienen la armonía de una manera superficial. La alternativa al conflicto normalmente no es el acuerdo sino más bien la apatía y la falta de compromiso, lo que abre de par en par las puertas a la principal causa de las grandes debacles empresariales: pensamiento de grupo.

Frecuentemente, los directores superiores se sienten bloqueados por las dificultades a la hora de gestionar el conflicto. Saben que el conflicto sobre determinados asuntos es natural e incluso necesario. Es probable que unas personas razonables, que toman decisiones en circunstancias de incertidumbre, tengan desacuerdos sinceros sobre cuál es el mejor camino para el futuro de su empresa. Los equipos

El reto consiste en animar a los miembros de los equipos gestores a discutir sin destruir su capacidad de trabajar juntos.

gestores cuyos integrantes ponen en tela de juicio las ideas de unos y otros alcanzan una comprensión más completa de sus opciones, crean una gama más rica de alternativas y en último extremo toman el tipo de eficaces decisiones necesarias en el entorno competitivo actual.

Pero, lamentablemente, el conflicto saludable puede convertirse rápidamente en un conflicto improductivo. Un comentario que no pretende ser más que una observación sustantiva puede interpretarse como un ataque personal. La ansiedad y frustración generadas por unas opciones difíciles se pueden convertir en ira dirigida a los colegas. A veces, las personalidades se entremezclan con los asuntos. Como la mayoría de los ejecutivos se enorgullecen de poder tomar decisiones racionales, les resulta difícil incluso admitir —y mucho más gestionar— esta dimensión emocional e irracional de su comportamiento.

El reto —conocido para cualquiera que haya formado parte de un equipo gestor— consiste en evitar que el conflicto constructivo acerca de determinado asunto acabe degenerando en un conflicto interpersonal disfuncional, animar a los directores a discutir sin destruir su capacidad de trabajar en equipo. (Véase el documento «Cómo discuten los equipos y, aun así, se llevan bien».)

Cómo discuten los equipos y, aun así, se llevan bien

Táctica ⟶	Estrategia
Basan la discusión en información actual y real. Desarrollan múltiples alternativas para enriquecer el debate.	Se centran en asuntos, no en personalidades.
Cooperan en pro de las metas. Inyectan humor en el proceso de toma de decisiones.	Estructuran las decisiones como colaboraciones destinadas a lograr la mejor solución posible para la empresa.
Mantienen una estructura de poder equilibrada. Resuelven los asuntos sin forzar el consenso.	Establecen un sentido de justicia e igualdad en el proceso.

Durante los últimos diez años, hemos estado investigando la interacción del conflicto, el politiqueo y la rapidez con que los equipos gestores superiores toman sus decisiones. En un estudio tuvimos la oportunidad de observar de cerca el trabajo de una docena de equipos gestores superiores en empresas basadas en la tecnología. Todas las empresas competían en mercados mundiales rápidamente cambiantes y competitivos. Por esta razón, todos los equipos tenían que tomar decisiones de alto riesgo en situaciones de enorme incertidumbre y bajo la presión de tener que moverse con gran rapidez. Cada equipo estaba compuesto por un número de cinco a nueve ejecutivos; pudimos analizarlos individualmente y también observar de primera mano sus interacciones mientras seguíamos la pista de decisiones estratégicas específicas en vías de desarrollo. El diseño del estudio nos ofreció una ventana abierta sobre el conflicto tal y como lo experimentan los equipos de alta dirección y destaca el papel de la emoción en la toma de decisiones empresariales.

En 4 de las 12 empresas, había poco o ningún desacuerdo sobre los principales asuntos y por lo tanto menos conflictos que observar. Pero las otras 8 empresas experimentaron conflictos considerables. En 4 de ellas, los equipos gestores superiores trataban el conflicto de tal manera que se evitara la hostilidad o discordia interpersonal. A esas empresas las hemos denominado Bravo Microsystems, Premier Technologies, Star Electronics y Triumph Computers. Los ejecutivos de esas empresas se refirieron a sus colegas como «inteligentes», «jugadores en equipo» y «los mejores en el negocio». Describieron la manera en que trabajan en equipo como «abierta», «divertida» y «productiva». Los ejecutivos discutieron enérgicamente los asuntos, pero perdieron poco tiempo en politiqueo y enfrentamiento de posturas. Como uno de ellos lo expuso: «Realmente no tengo tiempo». Otro dijo: «No pasamos por alto los asuntos; los atacamos directamente. Nosotros no somos políticos». Y todavía otros comentan sobre los equipos gestores de su empresa: «Chillamos mucho, luego reímos y luego solucionamos el asunto».

Las otras 4 empresas en las que se discutían los asuntos tenían menos éxito a la hora de evitar los conflictos interpersonales. A esas empresas las hemos denominado Andromeda Processing, Mega Software, Mercury Microdevices y Solo Systems. Sus equipos superiores estaban agobiados por una intensa animosidad. Los ejecutivos frecuentemente no cooperaban, rara vez hablaban unos con otros, se solían dividir en grupos y mostraban abiertamente su frustración e ira. Cuando los ejecutivos nos describieron a sus colegas, utilizaron palabras como «manipuladores», «reservados», «quemados» y «políticos».

Los equipos con mínimos conflictos interpersonales pudieron separar los asuntos sustantivos de aquéllos basados en las personalidades. Se las arreglaron para estar en desacuerdo sobre cuestiones de significado estratégico y seguir llevándose bien entre ellos. ¿Cómo lo conseguían? Después de analizar nuestras observaciones sobre el comportamiento de los equipos, descubrimos que sus empresas usaban las mismas seis tácticas para gestionar el conflicto interpersonal. Los miembros del equipo:

— trabajaban con más, que no con menos, información y discutían sobre la base de hechos reales;
— desarrollaban múltiples alternativas para enriquecer el nivel de debate;
— compartían metas comúnmente acordadas;
— inyectaban humor en el proceso de toma de decisiones;
— mantenían una estructura de poder equilibrada;
— resolvían los asuntos sin forzar el consenso.

Esas tácticas normalmente eran más implícitas que explícitas en el trabajo de toma de decisiones de los equipos gestores y si se daba nombre a las tácticas, los nombres variaban de una organización a otra. No obstante, la coherencia con que las cuatro empresas empleaban las seis tácticas es un testimonio de su eficacia. Tal vez lo más sorprendente fue el hecho de que las tácticas no retrasaban —sino que frecuentemente aceleraban— el ritmo con que los equipos podían tomar decisiones.

Centrarse en los hechos

Algunos directores creen que trabajar con demasiados datos aumentará el conflicto interpersonal al ampliar la gama de asuntos para debate. Nosotros descubrimos que cuanta más información se tenga mejor —si los datos son objetivos y actuales— porque anima a la gente a centrarse en los asuntos y no en las personalidades. En Star Electronics, por ejemplo, los miembros del equipo de dirección superior normalmente examinaban una amplia variedad de medidas operativas sobre una base mensual, semanal e incluso diaria. Afirmaban «medir todo». En particular, todas las semanas fijaban su atención en indicadores como reservas, carteras de pedidos pendientes, márgenes, hitos de ingeniería, tesorería, desechos y trabajos en curso. Todos los meses, revisaban un conjunto de medidas todavía más amplio que les aportaba un conocimiento extensivo de lo que realmente estaba ocurriendo en la empresa. Como comentó un ejecutivo: «Tenemos unos controles muy fuertes».

El equipo de Star también se basaba en hechos sobre el entorno exterior. Un ejecutivo superior estaba encargado de seguir la pista de movimientos de la competencia tales como las presentaciones de productos, cambios de precio y campañas de publicidad. Un segundo ejecutivo seguía los últimos avances técnicos a través de su red de contactos en las universidades y otras empresas. «Nosotros recurrimos a los MBA para casi todo», dijo el DEG, caracterizando la celosa persecución de datos de Star. Armados con hechos, los ejecutivos de Star tenían un extraordinario conocimiento de los detalles de su negocio, lo que les permitía centrarse en el debate de asuntos críticos y evitar discusiones inútiles arraigadas en la ignorancia.

En Triumph Computer, descubrimos una dedicación similar a los hechos actuales. La primera persona que el nuevo DEG contrató fue un empleado que se encargó de seguir el progreso de los proyectos de desarrollo de ingeniería, la savia vital de los nuevos productos de la empresa. Tal conocimiento permitía a la dirección superior trabajar en equipo a partir de una base de hechos común.

A falta de buenos datos, los ejecutivos pierden tiempo en un inútil debate sobre opiniones. Algunos recurren al autoengrandecimiento y las suposiciones infundadas sobre cómo podría ser el mundo. Las personas —y no los asuntos— pasan a ser el centro de desacuerdo. El resultado es un conflicto interpersonal. En tales empresas, los directores superiores frecuentemente están

Cuanta más información mejor. Hay una relación directa entre la fundamentación en hechos y los bajos niveles de conflicto interpersonal.

mal informados sobre asuntos internos, como reservas e hitos de ingeniería, y sobre asuntos externos como productos de la competencia. Recogen datos de manera limitada y poco frecuente. En estas empresas, los directores financieros, que supervisan la captación de datos internos, normalmente son débiles. Los empleados de las empresas que hemos estudiado solían describirlos como «inexpertos» o «indiferentes». Por el contrario, al director financiero de Premier Technologies, una empresa con escasos conflictos interpersonales, le describieron como un elemento crucial para tomar «constantemente el pulso a la marcha de la empresa».

Los equipos de dirección agobiados por el conflicto interpersonal se basan más en corazonadas y suposiciones que en datos reales. Cuando consideran los hechos, es muy probable que examinen medidas pasadas, como rentabilidad, que es histórica y altamente refinada. Esos equipos favorecen la planificación basada en la extrapolación y los intentos intuitivos de predecir el futuro y ninguna de las dos cosas está basada en hechos actuales o reales. Sus conversaciones son más subjetivas. El DEG de uno de los cuatro equipos con grandes conflictos nos comentó que su interés en las cifras operativas era «mínimo», y describió sus metas como «subjetivas». En otra de esas empresas, los directores superiores consideraban al DEG un «visionario» y creían que «estaba muy poco apegado a las operaciones diarias». Compare a esos ejecutivos con el DEG de Bravo Microsystems, que goza fama de ser un «tipo pragmático, amigo de los números».

Hay una relación directa entre la fundamentación en hechos y el bajo nivel de conflicto interpersonal. Los hechos permiten que las personas se muevan rápidamente hacia los asuntos centrales que entraña la elección estratégica. Los responsables de toma de decisiones no se quedan atascados en argumentos sobre lo que *podrían* ser los hechos. Y lo que es más importante, el hecho de fundamentarse en datos actuales basa las discusiones estratégicas en realidades. Los hechos (como ventas actuales, participación en el mercado, gastos de I+D, comportamiento de los competidores y rendimientos de fabricación) despersonalizan la discusión porque no son las fantasías, suposiciones o deseos propios de alguien. A falta de hechos, las motivaciones individuales pueden llegar a ser sospechosas. Si las decisiones se basan en hechos se crea una cultura que enfatiza los asuntos y no las personalidades.

Multiplicar las alternativas

Algunos directores creen que pueden reducir el conflicto centrándose solamente en una o dos alternativas para minimizar así las dimensiones sobre las que la gente puede estar en desacuerdo. Pero, de hecho, los equipos con escasa incidencia de conflicto interpersonal hacen precisamente todo lo contrario. Deliberadamente desarrollan múltiples alternativas, con frecuencia considerando cuatro o cinco opciones al mismo tiempo. Para promover el debate, los directores incluso introducirán opciones con las que no están de acuerdo.

Por ejemplo, el nuevo DEG de Triumph estaba decidido a mejorar la actuación deslucida de la empresa. Cuando llegó, los nuevos productos estaban estancados en la etapa de desarrollo y los inversores se estaban empezando a inquietar. Puso en marcha un ejercicio de recopilación de hechos y pidió a los ejecutivos superiores que desarrollasen alternativas. En menos de dos meses, desarrollaron cuatro. La primera era vender parte de la tecnología de la empresa. La segunda era emprender una importante reorientación estratégica, usando la tecnología básica para entrar en un nuevo mercado. La tercera era desplegar diferentemente los recursos de ingeniería y ajustar el enfoque de márketing. La opción final era vender la empresa.

Trabajar juntos para dar forma a esas opciones mejoró el sentido de trabajo en equipo del grupo al mismo tiempo que generaba una visión más creativa de la situación competitiva y las competencias técnicas de Triumph. Como resultado, el equipo acabó combinando elementos de varias opciones de tal manera que llegaron a una opción mucho más sólida que cualquiera de las opciones individuales.

El otro equipo que observamos con bajos niveles de conflicto interpersonal también solía desarrollar múltiples opciones para tomar grandes decisiones. Star, por ejemplo, se enfrentó a una crisis de generación bruta de fondos provocada por un crecimiento explosivo. Sus ejecutivos consideraron, entre otras opciones, obtener líneas de crédito de los bancos, vender acciones adicionales y formar alianzas estratégicas con varios socios. En Bravo, los directores explícitamente se basaron en tres tipos de alternativas: propuestas sinceras que el proponente realmente respaldaba; apoyo para las propuestas de otros, aunque solamente fuera para dar pie a la discusión; y alternativas no sinceras propuestas sencillamente para ampliar el número de opciones.

Hay varias razones por las que tomar en consideración múltiples alternativas puede reducir el conflicto interpersonal. Por citar una, difumina el conflicto: las opciones son menos blancas o negras y los individuos tienen más espacio para variar el grado de su apoyo a las diferentes opciones. Los directores pueden variar de postura con más facilidad sin perder el prestigio.

Generar diferentes opciones también es una manera de reunir a los directores en una tarea común e inherentemente estimulante. Concentra su energía en solucionar problemas y aumenta las probabilidades de lograr soluciones integradoras, alternativas que incorporan las visiones de un mayor número de responsables de toma de decisiones. A la hora de generar múltiples alternativas, los directores no se paran en las soluciones obvias; más bien, siguen generando más opciones, normalmente más originales. El proceso en sí es creativo y divertido, y se

> *En equipos que debaten enérgicamente sólo una o dos opciones, el conflicto degenera frecuentemente en personal, a medida que las posturas se endurecen.*

establece un tono positivo para el conflicto sustantivo, en lugar de interpersonal.

Por el contrario, en los equipos que debaten enérgicamente sólo una o dos opciones, el conflicto degenera frecuentemente en personal. Por ejemplo, en Solo Systems, la dirección superior consideraba que entrar en una nueva área de negocio es una manera de mejorar la actuación de la empresa. Debatieron esta alternativa frente a la situación real pero no consideraron otras opciones. Los ejecutivos, a nivel individual, estaban cada vez más atrincherados en uno de los lados del debate. A medida que las posturas se endurecieron, el conflicto se fue transformando en algo más agudo y personal. La animosidad creció hasta tal punto que uno de los principales proponentes del cambio abandonó la empresa muy disgustado mientras que el resto del equipo se separó y algunos de sus miembros se sumieron en un politiqueo intenso y disfuncional.

Crear metas comunes

Una tercera táctica para minimizar el conflicto destructivo implica estructurar las opciones estratégicas como ejercicios de colaboración, que no de competencia. En cualquier equipo gestor coexisten elementos de colaboración y competencia: los ejecutivos comparten un interés en los resultados de la actuación de la empresa, aunque sus ambiciones personales les pueden hacer rivales por el poder. Los grupos con éxito que hemos estudiado estructuraban coherentemente sus decisiones como colaboraciones en las que todos estaban interesados en alcanzar la mejor solución posible para el colectivo.

Lo hacían creando una meta común en pro de la cual podía cooperar el equipo. Tales metas no implican una forma de pensar homogénea, sino que requieren que todo el mundo comparta una visión. Como ha aconsejado Steve Jobs, que está asociado con Apple, NeXT y Pixar, tres empresas de gran notoriedad de Silicon Valley: «Está bien dedicar mucho tiempo a discutir qué ruta debe seguirse para llegar a San Francisco cuando todo el mundo quiere llegar allí, pero se perderá mucho tiempo en discusiones si una persona quiere llegar a San Francisco y otra en secreto quiere ir a San Diego».

Los equipos agobiados por el conflicto carecen de metas comunes. Los miembros del equipo consideran que están en competencia unos con otros y, sorprendentemente, suelen estructurar las decisiones negativamente, como reacciones a amenazas. Por ejemplo, en Andromeda Processing, el equipo se centró en responder a un caso concreto de mala actuación y los miembros del equipo intentaron pasar la culpa de unos a otros. Esa estructuración negativa contrasta con el enfoque positivo que adoptaron los ejecutivos de Star Electronics, que, compartiendo una meta común, vieron una crisis de generación bruta de fondos no como una amenaza sino como una oportunidad de «construir la mayor caja de resistencia» para una batalla competitiva inminente. En un plano general, los ejecutivos de Star compartían la meta de crear «*la empresa* de ordenadores de la década». Como un ejecutivo de Star nos dijo: «Adoptamos un punto de vista corporativo, no funcional, la mayor parte del tiempo».

De igual manera, todos los miembros de equipos gestores a los que entrevistamos en Premier Technologies estaban de acuerdo en que su meta común —su grito de guerra— era crear «la mejor maldita máquina del mercado». De esta manera en sus debates podían mostrar su desacuerdo sobre alternativas técnicas importantes —la opción de fabricación nacional o en el extranjero, por ejemplo, o canales de distribución alternativos— sin permitir que el conflicto se convirtiera en un conflicto personal.

Muchos estudios de toma de decisiones en grupo y de conflictos dentro del grupo demuestran que las metas comunes generan cohesión dentro del equipo al resaltar el interés compartido de todos los miembros por el resultado del debate. Cuando los miembros del equipo trabajan en pos de una meta común, hay menos probabilidades de que se consideren ellos mismos ganadores o perdedores individuales y hay bastantes más de que perciban correctamente las opiniones de los demás y de que aprendan de ellas. Vimos que cuando los ejecutivos carecían de metas comunes, solían evidenciar miras estrechas y existían más probabilidades de malinterpretarse y culparse unos a otros.

Utilizar el humor

Los equipos que gestionan bien el conflicto hacen intentos explícitos —y con frecuencia incluso artificiosos— para aliviar la tensión y al mismo tiempo promover un espíritu cooperante, haciendo divertida su empresa. Resaltan la excitación de la competición vertiginosa, no la tensión de competir en mercados brutalmente duros e inciertos.

Todos los equipos con escasa presencia de conflicto interpersonal describieron maneras en las que utilizaban el humor en el trabajo. Los ejecutivos de Bravo Microsystems disfrutan gastando bromas por la oficina. Por ejemplo, flamingos de plástico de color rosa —regalo de un cliente— alegraron las oficinas centrales de Bravo que, por lo demás, estaban impecablemente decoradas. De manera similar, los directores superiores de Triumph Computers celebraban un «atracón de postres», seguido de un control de peso de todo el grupo por el equipo médico de la empresa. Esas actividades que aparentemente son triviales formaban parte del plan deliberado del DEG para hacer del trabajo algo divertido, a pesar de las presiones del sector. En Star Electronics hacer de la empresa «un lugar divertido» era una meta explícita para el equipo de alta dirección. La risa era un ingrediente habitual durante las reuniones de la dirección. En Star las trastadas eran habituales y los ejecutivos —junto con otros empleados— siempre celebraban la noche de Halloween y el Día de los Inocentes.

En cada una de estas empresas, los ejecutivos reconocían que algunos de los recursos al humor eran artificiales, e incluso forzados. Aun así, ayudaban a aliviar tensiones y promovían la colaboración.

El humor estaba sorprendentemente ausente en los equipos marcados por un acusado conflicto interpersonal. Aunque entre ellos podía haber algunos amigos, los miembros del equipo no compartían actividades sociales en grupo más allá de la típica fiesta de vacaciones y no había intentos conscientes de crear humor. De hecho, el clima en el que se tomaban decisiones era justamente el opuesto, hostil y tenso.

El humor funciona como un mecanismo de defensa para proteger a las personas de situaciones tensas y amenazadoras que habitualmente surgen en el curso de la toma de decisiones estratégicas. Sirve de ayuda para que la gente se distancie psicológicamente poniendo esas situaciones en un contexto vital más amplio, frecuentemente mediante el uso de la ironía. El humor —con su ambigüedad— también puede embotar el amenazante filo de la información negativa. Las personas que hablan pueden decir en guasa cosas que de otro modo podrían ofender porque el mensaje es al mismo tiempo serio y no tan serio. La persona que recibe el mensaje puede salvar las apariencias recibiendo el mensaje serio mientras parece que no lo está haciendo. El resultado es que la información difícil se comunica con más tacto y de manera menos amenazante.

El humor también puede situar la toma de decisiones en un plano más cooperante que competitivo, gracias a su acusado efecto en el ánimo de las personas. De acuerdo con mucha de la investigación realizada al efecto, la gente con buen ánimo suele ser no sólo más optimista sino que además disculpa con facilidad a los demás y es muy creativa en la búsqueda de soluciones. Un humor positivo fomenta una percepción mucho más precisa de los argumentos de los demás porque la gente que está de buen humor suele relajar su barreras defensivas y, por lo tanto, puede escuchar eficazmente.

Equilibrio de la estructura de poder

Descubrimos que los directores que creen que el proceso de toma de decisiones de su equipo es justo tienen más probabilidades de aceptar las decisiones sin resentimiento, aun cuando no estén de acuerdo con ellas. Pero cuando creen que el proceso es injusto, el mal se convertirá fácilmente en un conflicto interpersonal. Así pues, una quinta táctica para eliminar el conflicto interpersonal es crear una sensación de justicia equilibrando el poder dentro del equipo gestor.

Nuestra investigación indica que los líderes autocráticos que gestionan mediante estructuras de poder altamente centralizadas frecuentemente generan altos niveles de fricción interpersonal. En el otro extremo, los líderes débiles también engendran conflictos interpersonales porque el vacío de poder en la cima anima a los directores a luchar

Frecuentemente, los líderes autocráticos suelen generar altos niveles de fricción interpersonal.

por el puesto. El conflicto interpersonal es menor en las que denominamos *estructuras de poder equilibradas,* aquéllas en las que el DEG es más poderoso que otros miembros del equipo de dirección superior, aunque los miembros tienen un poder sustancial, sobre todo en las áreas de responsabilidad que les son propias y están excelentemente definidas. En las estructuras de poder equilibradas, todos los ejecutivos participan en las decisiones estratégicas.

Por ejemplo, en Premier Technologies el DEG —descrito por los demás como un «jugador del equipo»— era la figura más poderosa, definitivamente. Pero cada ejecutivo era la persona con más poder a la hora de tomar decisiones en algún área claramente definida. Además, todo el equipo participaba en todas las decisiones importantes. El DEG, dijo un ejecutivo, «depende de seleccionar buenas personas y dejarles actuar».

El DEG de Bravo Microsystems, otra empresa con una estructura de poder equilibrada, resumió su filosofía como «tomar rápidas decisiones en las que participe el mayor número posible de personas». Observamos al equipo de Bravo durante varios meses mientras luchaban a brazo partido con una importante reorientación estratégica. Después de muchas discusiones en grupo, la decisión final se tomó en un retiro de varios días de duración al que acudió todo el equipo.

Por el contrario, los líderes de equipos marcados por un extenso conflicto interpersonal eran o altamente autocráticos o débiles. El DEG de Mercury Microdevices, por ejemplo, era el principal responsable de la toma de decisiones. Había un sustancial vacío de poder entre él y el resto del equipo. En la decisión que seguimos de cerca, el DEG dominó el proceso de principio a fin, identificando el problema, definiendo el análisis y tomando la decisión. Los miembros del equipo describían al DEG como «fuerte» y «dogmático». Como dijo uno de ellos, «Cuando Bruce toma una decisión, ¡es como Dios!».

En Andromeda, el DEG ejercía solamente un escaso poder y las áreas de responsabilidad estaban borrosas dentro del equipo de dirección superior, donde el poder era difuso y ambiguo. Los ejecutivos superiores tenían que politiquear entre ellos para conseguir que se hiciera cualquier cosa e informaron de una intensa frustración por la confusión que existía en la dirección superior.

La mayoría de los ejecutivos esperaban controlar algún aspecto importante del negocio, pero no su totalidad. Cuando carecían de poder —debido a un autócrata o a un vacío de poder— se frustraban por su incapacidad para tomar decisiones importantes. En vez de actuar como miembros de un equipo, acababan por hacerlo como políticos. Un ejecutivo lo explicó así: «Todos estamos luchando a codazos por nuestro sitio en la cola del poder». Otro describió la situación como «torpes maniobras para poner de su parte al DEG».

Las situaciones que observamos son coherentes con los clásicos estudios de psicología social sobre el liderazgo. Por ejemplo, en un estudio de la década de 1960, Ralph White y Ronald Lippitt examinaron los efectos de diferentes estilos de liderazgo en los chicos pertenecientes a clubes sociales. Descubrieron que los chicos con líderes democráticos —la situación más parecida a nuestra estructura de poder equilibrada— mostraban un interés espontáneo por sus actividades. Los chicos estaban muy satisfechos y dentro de sus grupos había muchos comentarios amables, muchas alabanzas y una colaboración significativa. Al mando de líderes débiles, los chicos estaban desorganizados, no eran eficaces y se mostraban insatisfechos. Pero el peor caso era el del mando autocrático, con el que los chicos se mostraban hostiles y agresivos, dirigiendo en ocasiones la violencia física hacia inocentes cabezas de turco. En situaciones de poder desequilibradas, observamos despliegues de agresión verbal por parte de adultos que los colegas describieron como violentos. Un ejecutivo dijo estar «atrapado en medio de un fuego cruzado». Otro describió a un colega como «una pistola a punto de dispararse». Un tercero habló de «ser apaleado» por el DEG.

Buscar el consenso con salvedades

Equilibrar el poder es una táctica para crear una sensación de equidad. Encontrar una manera apropiada de solucionar el conflicto sobre los asuntos es otra y tal vez más importante. En nuestra investigación, los equipos que gestionaron el conflicto eficazmente utilizaron todos el mismo enfoque para solucionar el conflicto sustantivo. Es un proceso de dos pasos que algunos ejecutivos denominan *consenso con salvedad.* Funciona de la siguiente manera: los ejecutivos hablan sobre un asunto e intentan alcanzar el consenso. Si pueden, se toma la decisión. Si no pueden, el director superior más relevante toma la decisión, guiado por las aportaciones del resto del grupo.

Por ejemplo, cuando un competidor sacó al mercado un nuevo producto atacando a Premier Technologies en su mayor mercado, se produjo un acusado desacuerdo sobre la mejor manera de reaccionar. Algunos ejecutivos querían desviar recursos de I+D para responder a este movimiento de la competencia, aun a riesgo de privar de personal de ingeniería a un producto más innovador que se estaba diseñando por entonces. Otros defendían que lo único que tenía que hacer Premier era cambiar el aspecto de un producto existente, añadiendo unas cuantas características novedosas. Un tercer grupo creía que la amenaza no era tan grave como para merecer una reacción de grueso calibre.

Después de una serie de reuniones a lo largo de varias semanas, el grupo no llegó a alcanzar el consenso. En vista de lo cual, el DEG y su vicepresidente de márketing tomaron la decisión. Como explicó el DEG: «Los jefes funcionales se encargan de hablar. Yo aprieto el gatillo». Los ejecutivos de Premier se sentían cómodos con este acuerdo —incluso aquellos que no estaban de acuerdo con el resultado— porque todo el mundo tenía voz en el proceso.

La gente normalmente asocia el consenso con la armonía, pero nosotros descubrimos todo lo contrario: los equipos que insistieron en resolver el conflicto sustantivo forzando el consenso solían mostrar el mayor conflicto interpersonal. A veces, los ejecutivos mantienen el irreal punto de vista de que el consenso siempre es posible, pero una insistencia tan ingenua en el consenso puede llevar a un debate interminable. Como dice el vicepresidente de ingeniería de Mega Software: «El consenso significa que todo el mundo tiene poder de veto. Nuestros productos llegaban demasiado tarde y eran demasiado caros». En Andromeda, el DEG quería que sus ejecutivos alcanzaran el consenso, pero persistían las diferencias de opinión. El debate se prolongó durante meses y la frustración aumentó hasta que algunos directores superiores optaron por ceder. Querían una decisión, cualquier decisión. Cuando finalmente se tomó una decisión varios ejecutivos que favorecían otro punto de vista abandonaron la empresa. El precio del consenso fue un equipo diezmado.

En un equipo que insiste en el consenso, los plazos tope pueden hacer que los ejecutivos sacrifiquen la equidad y, de este modo, también pueden debilitar el apoyo del equipo a la decisión final. En Andromeda, los ejecutivos pasaron meses analizando su sector y desarrollando una visión compartida de importantes tendencias para el futuro, pero nunca se pudieron centrar en la toma de una decisión. El proceso de toma de decisiones estaba estancado. Finalmente, cuando la fecha tope para una reunión del consejo de administración era inminente, el DEG formuló y anunció una decisión, una que nunca se había mencionado en discusiones anteriores. No debe sorprender que su equipo se sintiera airado y decepcionado. Si hubiera insistido menos en alcanzar el consenso, el DEG no se hubiera sentido obligado a actuar arbitrariamente por la proximidad de la fecha tope. (Véase «Cómo crear un equipo combativo» al final de este artículo.)

¿Cómo puede el consenso con salvedad crear una sensación de equidad? Un cuerpo de investigación sobre justicia procesal muestra que la equidad del proceso, que implica una participación e influencia significativas por parte de todos los implicados, es enormemente importante para la mayoría de la gente. Los individuos están en disposición de aceptar resultados que no sean de su agrado si creen que el proceso que generó esos resultados fue justo. Casi todas las personas quieren que sus opiniones se tomen en consideración con total seriedad, pero están dispuestas a aceptar el hecho de que sus opiniones no pueden prevalecer siempre. Eso es precisamente lo que ocurre en el consenso con salvedades. Como dijo un ejecutivo de Star: «Me satisface poder exponer mis opiniones».

Aparte de la equidad, hay otras varias razones por las que el consenso con salvedades es un importante elemento disuasorio del conflicto interpersonal. Da por sentado que el conflicto es natural y no señal de disfunción interpersonal. Ofrece a los directores influencia añadida cuando la decisión afecta en particular a su parte de la organización y, por lo tanto, equilibra el deseo de los directores de ser escuchados con la necesidad de hacer una elección. Es un proceso justo e igualitario de toma de decisiones que anima a todo el mundo a poner ideas sobre la mesa pero que delinea claramente cómo se va a tomar la decisión.

Finalmente, el consenso con salvedades es rápido. Los procesos que requieren consenso suelen prolongarse de manera interminable, frustrando a los directores con lo que ven como un debate que consume mucho tiempo y no conduce a nada. No ha de sorprender a nadie que los directores acaben por culpar a sus colegas de la frustración por los malos resultados y no por el deficiente proceso de resolución del conflicto.

Unir conflicto, rapidez y actuación

Un considerable cuerpo de investigación académica ha demostrado que el conflicto sobre asuntos no solamente es probable dentro de equipos de dirección superior, sino que también es valioso. Tal conflicto ofrece a los ejecutivos una gama más amplia de información, una comprensión más profunda de los asuntos y un conjunto más rico de posibles soluciones. Ése fue realmente el caso de las empresas que estudiamos. La evidencia, también abrumadora, indica que donde hay poco conflicto sobre los asuntos, es probable que también haya una toma de decisiones deficiente. «El pensamiento en grupo» ha sido una causa primordial en las grandes debacles de política empresarial y pública. Y aunque pueda parecer contrario a la intuición, descubrimos que los equipos sumidos en conflicto saludable a cuenta de sus asuntos no sólo tomaban mejores decisiones, sino que también se movían más rápidamente.

Sin conflicto, los grupos pierden su eficacia. Los directores se suelen aislar y su armonía sólo es superficial. En realidad, descubrimos que la alternativa al conflicto normalmente no es el acuerdo sino la apatía y la falta de interés. Finalmente, los equipos incapaces de fomentar un conflicto sustantivo tienen, por término medio, una actuación inferior. Entre las empresas que observamos, los equipos con bajo conflicto solían olvidarse de tomar en consideración asuntos clave o sencillamente no eran conscientes de aspectos importantes de su situación estratégica. Desaprovechaban la oportunidad de cuestionar suposiciones falsamente limitadoras o de generar alternativas significativamente distintas. Por lo tanto no debe sorprendernos que a los competidores les resultara tan fácil prever sus acciones.

En los mercados donde reina un gran dinamismo, es mucho más probable que las decisiones estratégicas exitosas las tomen equipos que promueven un conflicto activo y amplio sobre diferentes asuntos sin sacrificar la velocidad. La clave para hacerlo así es mitigar el conflicto interpersonal.

Cómo crear un equipo combativo

¿CÓMO PUEDEN LOS DIRECTORES fomentar el tipo de debate sustantivo sobre diferentes asuntos que lleva a una mejor toma de decisiones? Descubrimos cinco enfoques que ayudan a generar el desacuerdo constructivo dentro de un equipo:

1. *Formar un equipo heterogéneo, incluyendo diferentes edades, sexos, antecedentes funcionales y experiencia sectorial.* Si todos los participantes en reuniones ejecutivas tienen el mismo aspecto y hablan igual, entonces hay muchas probabilidades de que también piensen igual.

2. *Reunirse como equipo con frecuente regularidad.* Los miembros del equipo si no se conocen bien entre ellos tampoco conocerán la postura de los demás sobre asuntos comunes, con lo que se merma su capacidad de discutir eficazmente. La interacción frecuente crea la confianza mutua y la familiaridad entre los miembros del equipo necesarias para expresar desacuerdo.

3. *Animar a los miembros del equipo a asumir papeles que vayan más allá de sus responsabilidades obvias de producto, área geográfica o función.* Abogados del diablo, visionarios y ejecutivos orientados a la acción pueden trabajar juntos para asegurar que se cubren todos los frentes de un asunto.

4. *Aplicar múltiples actitudes a cualquier asunto.* Pruebe con la representación de papeles, poniéndose en los zapatos de sus competidores, o llevando a cabo juegos de guerra. Tales técnicas crean nuevos puntos de vista y vinculan a los miembros del equipo, estimulando el interés por la solución de problemas.

5. *Gestionar activamente el conflicto.* No permita que el equipo se avenga a soluciones demasiado deprisa o demasiado fácilmente. Identifique y trate la apatía desde el principio, y no confunda una falta de conflicto con un acuerdo. Con frecuencia, lo que se produce después del consenso es una falta de interés.

«How management teams can have a good fight»
Publicado originalmente en julio-agosto de 1997

Los autores

CHRIS ARGYRIS es titular emérito de la Cátedra James Conant de Educación y Comportamiento de la Organización en la Universidad de Harvard. Ha sido asesor de numerosas organizaciones privadas y gubernamentales. Ha recibido muchos premios incluyendo once títulos honoríficos y Galardones Time-Life por Colaboración Distinguida de la Academy of Management, American Psychological Association y American Society of Training Directors. Sus libros más recientes son *On organizational learning* y *The next challenge: in leadership, learning, change and commitment.*

FERNANDO BARTOLOMÉ actualmente es catedrático de Gestión en el Instituto de Empresa en Madrid, España, y profesor adjunto de Comportamiento de la Organización en el INSEAD. También ha trabajado como asesor de desarrollo de gestión para empresas multinacionales en Estados Unidos, Europa, Iberoamérica y Asia. Sus principales áreas de interés son el comportamiento individual e interpersonal. Entre sus publicaciones están «Executives as human beings», «The work alibi» y «The manager: master and servant of power», publicadas por *Harvard Business Review.* Su libro *Must success cost so much?,* escrito junto con Paul A. Lee Evans, describe su investigación sobre los efectos de la vida profesional en la vida privada de los ejecutivos.

L. J. BOURGEOIS III es profesor de administración empresarial en Darden Graduate School of Business. Ha asesorado a una variedad de grandes empresas en Norteamérica,

Iberoamérica, Europa, Asia y Australia sobre temas de gestión estratégica, misión societaria y creación de equipos de dirección superior y ha diseñado y dirigido varios seminarios sobre pensamiento estratégico. Es autor de *Strategic management: from concept to implementation*, así como de artículos en varias publicaciones de gestión.

KATHLEEN M. EISENHARDT es profesora de estrategia y organización en la Facultad de Ingeniería de la Universidad de Stanford y coautora de *Competing on the edge: strategy as structured chaos* (HBS Press, 1998). Sus investigaciones y enseñanzas se centran en la gestión en mercados de gran velocidad y altamente competitivos. Entre los premios que ha recibido Eisenhardt se incluyen el Pacific Telesis Foundation por sus ideas sobre toma de decisiones estratégicas rápida, el Galardón Stern por su trabajo sobre alianzas estratégicas en empresas emprendedoras, y el Premio Whittemore por sus escritos sobre cómo organizar empresas globales en mercados rápidamente cambiantes.

En el momento de publicar su artículo en *Harvard Business Review*, ANTHONY JAY era presidente de Video Arts, Ltd., una empresa británica productora y distribuidora de películas. Anteriormente había sido productor y ejecutivo de la cadena de televisión BBC. Es autor de *Management and Machiavelli* y *Corporation man*, y fue responsable, junto con John Cleese de *Monthy Python*, de una serie de películas de formación en tono de humor para la industria y la dirección de empresas.

JEAN L. KAHWAJY forma a ejecutivos superiores y equipos, a los que ofrece enfoques más eficaces para afrontar los retos del cambio, comunicación y negociación. Durante diez años ha sido asesora de dirección en desarrollo de estrategias y calidad de decisión, y regularmente ofrece seminarios sobre estos temas por todo el mundo. Autora de varios artículos sobre diseño de organizaciones, la manera de mitigar el conflicto interpersonal

y la toma de decisiones en equipos gestores superiores, la seño-
ra Kahwajy actualmente está finalizando su doctorado en la
Universidad de Stanford investigando las fuerzas sociales y psi-
cológicas que influyen en los responsables de toma de decisiones, en particular el papel de recibir a otros.

T.J. LARKIN Y SANDAR LARKIN son socios en Larkin
Communication Consulting. Su empresa de asesoría ayuda a
grandes empresas a comunicar cambios importantes a los
empleados. Los Larkin también han escrito *Communicating
change*, un éxito editorial de McGraw-Hill. Larkin Communication Consulting tiene oficinas en Nueva York, Londres y
Melbourne, Australia.

MICHAEL B. McCASKEY fue profesor adjunto de comportamiento de la organización en la Harvard Business School
cuando su artículo se publicó por primera vez. En aquel
momento, estudió cómo los directores hacían frente a situaciones mal definidas, citando la comunicación no verbal y las
metáforas como instrumentos útiles para tratar la ambigüedad.
Ha sido presidente y director ejecutivo general de los Chicago
Bears y *Sporting News* le nombró Ejecutivo del Año en 1985.

En el momento de publicar su artículo en *Harvard Business
Review*, RALP G. NICHOLS era el presidente de un programa de
comunicaciones en la Universidad de Minnesota. Antes de eso,
fue presidente de la National Society for the Study of
Communication. También prestó sus servicios en los consejos
editoriales de dos publicaciones nacionales y fue presidente de
la State Speech Teachers Associations en Iowa y Minnesota.

Cuando su artículo apareció en *Harvard Business Review*,
GEORGE M. PRINCE era presidente de Synectics, Inc., una
empresa de asesoría con base en Cambridge, Massachusetts,
especializada en mejorar la creatividad y la capacidad de solución de problemas de equipos de dirección.

En el momento de publicar su artículo en *Harvard Business Review*, LEONARD A. STEVENS era escritor *freelance* y asesor sobre presentaciones orales de varias empresas líderes y estaba afiliado a Management Development Associates de Nueva York. Ha colaborado con Ralph G. Nichols en varios artículos.

Índice alfabético